Empatía

Guía para Comprender a las Personas Empáticas y Su Capacidad Emocional para Sentir Empatía, Incluyendo Consejos para Personas Altamente Sensibles, y Cómo ser un Empático Psíquico

© **Copyright 2019**

Todos los Derechos Reservados. Está prohibida la reproducción total o parcial de este libro sin la autorización por escrito del autor. Los críticos pueden citar pasajes breves en sus revisiones.

Aviso Legal: Está prohibida la reproducción total o parcial de este libro en cualquier forma y cualquier medio, mecánico o electrónico, incluyendo fotocopiado o grabaciones, o mediante cualquier otro dispositivo de almacenamiento y recuperación de información, o por correo electrónico sin la autorización por escrito del editor.

Si bien se han realizado todos los intentos para verificar la información proporcionada en esta publicación, el autor y el editor se deslindan de toda responsabilidad por errores, omisiones o interpretaciones contrarias del tema.

Este libro es sólo para fines de entretenimiento. Las opiniones expresadas pertenecen al autor y no deben tomarse como instrucciones u órdenes de expertos. El lector es responsable de sus propias acciones.

El cumplimiento de todas las leyes y regulaciones aplicables, incluidas las leyes internacionales, federales, estatales y locales que rigen las licencias profesionales, las prácticas comerciales, la publicidad y todos los demás aspectos de hacer negocios en los Estados Unidos, Canadá, el Reino Unido o cualquier otra jurisdicción, es responsabilidad exclusiva del comprador o lector.

El autor y el editor se deslindan de toda responsabilidad u obligación alguna en nombre del comprador o lector de este material. Cualquier percepción individual u organización es puramente involuntaria.

Tabla de Contenido

INTRODUCCIÓN 1

CAPÍTULO 1: ¿QUÉ ES UNA PERSONA EMPÁTICA? RASGOS Y CATEGORÍAS DE LAS PERSONAS EMPÁTICAS.. 2

CAPÍTULO 2: CÓMO ACEPTAR SER UNA PERSONA EMPÁTICA 10

CAPÍTULO 3: BENEFICIOS PRÁCTICOS DE SER UNA PERSONA EMPÁTICA 14

CAPÍTULO 4: DIFICULTADES DE LAS PERSONAS EMPÁTICAS 18

CAPÍTULO 5: CONCEPTOS ERRÓNEOS COMUNES DE UNA PERSONA EMPÁTICA 22

CAPÍTULO 6: NIVELES DEL CAMPO ENERGÉTICO HUMANO 26

CAPÍTULO 7: ELEVAR SU VIBRACIÓN 30

CAPÍTULO 8: CARACTERÍSTICAS DE LAS PERSONAS ALTAMENTE SENSIBLES 34

CAPÍTULO 9: TIPOS DE VAMPIROS ENERGÉTICOS 38

CAPÍTULO 10: CÓMO DETECTAR Y PROTEGERSE DE LOS VAMPIROS ENERGÉTICOS 42

CAPÍTULO 11: CÓMO DEJAR DE ABSORBER LA ENERGÍA DE OTRAS PERSONAS 46

CAPÍTULO 12: ESTRATEGIAS DE AFRONTAMIENTO PARA PERSONAS ALTAMENTE SENSIBLES 50

CAPÍTULO 13: ELEMENTOS QUE REQUIEREN LAS PERSONAS ALTAMENTE SENSIBLES 54

CAPÍTULO 14: CÓMO LIDIAR CON PERSONAS DIFÍCILES SIENDO UNA PERSONA ALTAMENTE SENSIBLE 58

CAPÍTULO 15: CONSEJOS DE SALUD PARA PERSONAS ALTAMENTE SENSIBLES 62

CAPÍTULO 16: CÓMO EVITAR LAS ADICCIONES COMO PERSONA EMPÁTICA 66

CAPÍTULO 17: MANERAS EN QUE LOS EMPÁTICOS AMAN DE FORMA DIFERENTE 70

CAPÍTULO 18: ¿POR QUÉ ES COMPLICADO PARA LAS PERSONAS EMPÁTICAS INVOLUCRARSE EN RELACIONES SERIAS? 74

CAPÍTULO 19: POR QUÉ LAS PERSONAS EMPÁTICAS Y LOS NARCISISTAS SE ATRAEN ENTRE SÍ Y LAS ETAPAS DE SU RELACIÓN 78

CAPÍTULO 20: ¿SU HIJO ES EMPÁTICO? CONSEJOS PARA SU FORMACIÓN 82

CAPÍTULO 21: LAS MEJORES CARRERAS PROFESIONALES PARA PERSONAS EMPÁTICAS 86

CAPÍTULO 22: SEÑALES DE QUE USTED ES UNA PERSONA EMPÁTICA INTUITIVA– NO SOLAMENTE EMPÁTICA 91

CAPÍTULO 23: CÓMO MANTENER EL EQUILIBRIO CON SUS EMOCIONES 95

CAPÍTULO 24: SEÑALES DE TENER CAPACIDAD DE SANACIÓN ESPIRITUAL 99

CAPÍTULO 25: CÓMO FORTALECER SU CUERPO MENTAL 103

CAPÍTULO 26: ¿QUÉ ES UNA PERSONA EMPÁTICA PSÍQUICA Y CÓMO SABER SI USTED ES UNO DE ELLOS? 107

CAPÍTULO 27: LA DIFERENCIA ENTRE LAS PERSONAS EMPÁTICAS Y LAS PERSONAS ALTAMENTE SENSIBLES 111

CAPÍTULO 28: CÓMO AUMENTAR SUS HABILIDADES PSÍQUICAS 115

CONCLUSIÓN 120

Introducción

Usted se encuentra de pie junto a su ventana, viendo pasar el mundo. Puede ver a la gente caminando por la calle, viejos y jóvenes por igual, cada uno en sus asuntos. Pero está seguro de una cosa: tiene miedo de ser una de esas personas. Si fuera posible, preferiría pasar todo el día en su apartamento. Según su experiencia, estar cerca de la gente puede ser extremadamente abrumador porque parece atravesar una montaña rusa de emociones.

Cada momento que pasa afuera, no está seguro de qué emoción sentirá después. Frustración, emoción, pena, ansiedad, alegría, angustia, molestia, lo que sea. Debido a su mentalidad introspectiva, ha descubierto que solo siente estas emociones al estar rodeado de otras personas. Y es precisamente por eso que ha desarrollado una tendencia a huir de ellos cada vez que se siente abrumado.

Puede sentir un grito profundo desde las profundidades de su alma, ¿quién soy yo?

Usted es una persona empática.

Tiene el don especial de absorber las energías que flotan a su alrededor y percibirlas como si fueran suyas. Ser una persona empática es un don, no una maldición. Así que es hora de que aprenda más sobre sus capacidades.

Capítulo 1: ¿Qué es Una Persona Empática? Rasgos y Categorías de las Personas Empáticas

Una persona empática es aquella que posee el don especial de percibir las emociones y los sentimientos de otras personas como si fueran propias. Ni siquiera lo intentan. Están naturalmente sintonizados con las energías que flotan a su alrededor. Si una persona empática entra en una habitación y se sienta junto a una persona que está de luto en silencio, puede percibir el dolor y lo experimentará como si fuera suyo. Una persona empática que carece de conciencia de su don puede estar profundamente en conflicto, ya que no pueden diferenciar sus propios sentimientos de los de los demás.

Pregúntese a usted mismo lo siguiente para descubrir si es una persona empática:

- ¿Puede percibir a las personas de alguna manera?
- ¿Puede sentir las emociones de otras personas y confundirlas con las suyas?
- ¿Puede pensar en la misma sincronía que otras personas?

- ¿Sus sentimientos cambian al momento de encontrarse con una persona en particular?
- ¿A veces se pregunta si es co-dependiente, neurótico, o incluso demente?
- ¿Puede leer la mente de las personas?

Puede ser sorprendente tener la capacidad de captar las energías de otras personas, pero en el lado negativo, puede convertirse en una verdadera lucha cuando dichas energías son de la naturaleza oscura y especialmente si la persona empática en cuestión desconoce su capacidad.

Como persona empática, estos son algunos rasgos que está sujeto a visualizar:

Altamente sensible

La gente continúa diciéndole que es demasiado sensible. Esto se debe a que lo que otros dicen o hacen puede afectarle fácilmente. Puede leer sus mensajes ocultos cuando hablan o hacen algo. Esta sensibilidad puede hacerle susceptible a cosas que no lastiman a las personas con bienestar personal. Su alta sensibilidad le hace pensar demasiado en lo que hace o dice. Este patrón siempre conduce a tendencias auto inhibidoras. Termina adaptándose demasiado para agradarle al mundo. El hábito de suprimir sus verdaderas emociones viene acompañado de una gran cantidad de desafíos.

Absorber las energías de otras personas

Podría estar teniendo un día fantástico con el ánimo en alto, y luego al ir a Starbucks y sentarse junto a una familia que, sin que usted lo sepa, acaba de perder a uno de sus integrantes. No se dice nada. Todos están bebiendo café de manera tranquila. Muy lentamente, la alegría que tenía al inicio comienza a desaparecer, y en su lugar, la tristeza se apodera de usted. No hay por qué estar triste, pero de cualquier manera experimenta esa tristeza. Después, la familia se levanta, sale de Starbucks, y su tristeza se desvanece. Acaba de absorber sus energías.

Introvertido

Ser introvertido no es lo mismo que ser tímido. Una persona tímida puede detestar estar sola y sentirse rechazada por la falta de contacto humano, pero, por otro lado, una persona introvertida se siente agotada cuando se queda mucho tiempo con otras personas, y aprecian estar a solas. Una persona tímida tiene tendencias auto-inhibidoras, pero una persona introvertida tiene un fuerte sentido de sí misma y se mantiene fiel a ella. Es más probable que las personas empáticas sean introvertidas que extrovertidas. No rechazan todo contacto humano, sino que prefieren socializar en términos individuales o en grupos pequeños.

Altamente intuitivo

Una de las armas más efectivas de una persona empática es su intuición. Tienen la capacidad para detectar la verdadera naturaleza de una situación. Esto hace que sea un poco difícil intentar engañarles. Conocerán todos sus trucos. Como persona empática, si se encuentra con alguien, tiende a tener un presentimiento de cómo es realmente esa persona. Siempre está en sintonía con su entorno y puede sentir cuándo hay peligro. Esta habilidad es, obviamente, una de las principales ventajas de ser una persona empática, porque es menos probable que otros intenten aprovecharse de usted.

Abrumado por las relaciones

Las relaciones convencionales ponen énfasis en que las parejas pasen tanto tiempo juntos como sea posible. Una persona empática no puede desarrollarse en este tipo de relación porque constantemente captan las emociones de su compañero y las confunden con las suyas. Esto no quiere decir que las personas empáticas no puedan tener ninguna relación. Sin embargo, el acuerdo tradicional de una relación necesita ser reconstruido. Por ejemplo, pueden tener una habitación propia a la que puedan retirarse cuando se sientan impacientes para estar solos, y, además, sus parejas deben ser muy pacientes con ellos.

Tomar mucho tiempo para procesar las emociones

La persona promedio tiene una atención precisa de sus emociones. Ya sea tristeza o alegría, se activa repentinamente. Sus reflejos emocionales son demasiado rápidos. Una persona empática se toma el tiempo para comprender las emociones que está sintiendo en el momento. Por ejemplo, si ocurre algo malo, la tristeza no se hará presente de inmediato. Primero intentarán entender la situación, repasando los detalles una y otra vez, y posteriormente la tristeza brotará en su interior. Pueden experimentar emociones de una manera muy intensa. Por lo tanto, ya sea tristeza o alegría, pueden sentirlo al máximo.

Amar la naturaleza

La mayoría de las personas empáticas se sienten más felices cuando están rodeados de la naturaleza. Ya sea sintiendo la luz del sol en su piel, la lluvia o tomando un poco de aire fresco, ninguna otra actividad restablece su equilibrio como estar rodeado por el mundo natural. Sienten un profundo sentido de conexión con la naturaleza. Cuando una persona empática está experimentando una montaña rusa de emociones, una de las medidas restauradoras sería dar un paseo por un área abierta debajo del cielo.

Sentidos intensos

Una persona empática posee sentidos muy desarrollados. Pueden captar el menor rastro de un aroma, ver en la oscuridad, escuchar el sonido más diminuto y sentir las vibraciones de otras cosas. Estos sentidos desarrollados les hacen ser excelentes para notar todos los pequeños detalles. Las personas empáticas parecen notar lo que normalmente escaparía a la atención de la mayoría de las personas. Por esta razón, tienden a prosperar en profesiones que exigen mucha atención y exploración de lo abstracto.

Generoso

No hay una persona más generosa que una empática. No necesitan tener algo para poder ayudar. Están dispuestos a hacer un esfuerzo adicional y ofrecer apoyo. Por ejemplo, cuando una persona empática se encuentra con un niño sin hogar y capta su sufrimiento, se le rompe el corazón. No solo quieren darles algo de comida, sino también encontrar una manera de sacarlos de las calles. La mayoría de las personas no se preocupa por los niños de la calle y los consideran como una molestia. Podemos asumir que las personas empáticas desempeñan un papel fundamental para ayudar a los niños sin hogar y también para otras personas que están experimentando dificultades.

Creativos

Las personas empáticas tienden a ser muy creativas. Esto es gracias a la riqueza de emociones que siempre están experimentando. Su naturaleza creativa se manifiesta en casi todos los aspectos de su vida: comida, relaciones, hogares y, lo más importante, en su carrera profesional. Es probable que tengan éxito en una profesión relacionada con las artes. Poseen un excelente potencial para dibujar, escribir, cantar o hacer películas. Tienden a retratar sus emociones de forma inequívoca y pueden capturar las emociones de otras personas según lo previsto.

La gente se siente atraída a usted

Si una persona empática no es consciente de su don especial, es probable que se escondan del mundo. Prefieren esconderse y sentirse seguros, que quedarse entre la gente y experimentar cada emoción imaginable. Esto puede hacer que la sociedad sospeche de ellos e incluso los odie. Sin embargo, si una persona empática es consciente de sí mismo y sabe de su capacidad para absorber las energías que flotan a su alrededor, entonces la gente se sentirá atraída hacia ellos. La gente sabe que este tipo de personas poseen una capacidad excepcional para comprenderles y ayudarles a superar los desafíos que enfrentan.

Las personas empáticas se dividen en las siguientes categorías distintas:

o **Geomántico**: Este tipo de personas están en sintonía con un determinado entorno o paisaje. Las personas empáticas geománticas están conectadas a sitios específicos como edificios, lagos, océanos y montañas. Pueden sentir las emociones históricas de estos sitios. Por ejemplo, si visitan un sitio donde algunas personas fueron asesinadas hace muchos años, todavía pueden sentir su dolor. Unen los sentimientos a diferentes entornos, de modo que cada entorno evoca diferentes emociones. Tienden a llevar suvenires para recordarles esos entornos.

o **Físico**: También conocido como médico, pueden detectar la condición del cuerpo de otra persona. Reconocen instintivamente lo que aqueja a otra persona. En casos extremos, pueden detectar los síntomas para compartir su dolor. Las personas empáticas físicas poseen habilidades curativas. Tienden a desarrollarse en profesiones en medicina convencional o alternativa. Son excelentes para cuidar a las personas enfermas. Aquellos que padecen enfermedades confían en ellos instintivamente porque pueden sentir que les importan.

o **Emocional**: Son sensibles a la energía emocional que se encuentra a su alrededor. Las personas empáticas emocionales, absorben las emociones de otras personas y las consideran suyas. Esto puede ser muy angustiante si se encuentran constantemente cerca de personas negativas. Debe aumentar su autoconciencia para que puedan distinguir sus emociones de las de los demás. Tienden a alejarse de otras personas para que puedan pasar tiempo a solas y renovarse. Deben proteger su energía siguiendo distintas prácticas de curación.

o **Animal**: Ciertamente ha visto a alguien en su vecindario que está más interesado en mantener la compañía de los animales que de las personas. Tienen una mascota o incluso varias mascotas que significan todo para ellos. Existe una alta probabilidad de que esa persona sea empática animal. Sienten una profunda conexión con los animales. Pueden sentir lo que los animales quieren o sienten y los animales los aman. La conexión es tan profunda que tienen una forma de comunicarse entre sí. Responden a su intenso deseo de conectarse con los animales domesticando a los de su elección. Además, tienden a ser apasionados por los derechos de los animales y hacer contribuciones a los fondos que promueven el bienestar animal.

o **Planta**: comparten una conexión profunda con una determinada planta o plantas en general. La planta evoca ciertas emociones cuando la tocan. Pueden comunicarse con la planta y conocer su condición. Les gusta pasar el rato cerca de las plantas en un entorno natural, llevarlas a casa o plantarlas en el jardín.

o **Precognitivo**: ¿Es el tipo de persona que puede predecir el futuro? ¿Y no solamente su futuro, sino también al de otras personas o eventos no relacionados? Ciertamente es una persona empática precognitiva. Tiende a "visualizar" sucesos antes de que realmente ocurran. Sus visiones se manifiestan de diferentes maneras, como sueños o sentimientos. Tener la capacidad de prever el futuro es gratificante y angustiante a la vez. Puede ayudarle a prepararse para el futuro y, al mismo tiempo, puede ampliar su desdicha al saber que el dolor lo espera.

o **Psicométrico**: Este tipo de personas tienen una conexión profunda con diversos objetos físicos. Los objetos despiertan ciertas emociones en ellos. Los objetos pueden ir desde utensilios, cuchillos, joyas, fotos, etc., pero cada uno despierta ciertas emociones profundas cuando la persona se encuentra con ellos. Por ejemplo, si su padre les entregó una navaja y luego murió ese mismo día, la navaja podría tener mucho valor sentimental. Cada vez que se topa con una navaja similar, extrañarán mucho a su padre.

o **Telepático**: Una persona empática telepática puede saber lo que hay en la mente de alguien. Con una mirada a esa persona, pueden conocer sus pensamientos no expresados. Esto hace que tengan demasiada comprensión de las personas y las situaciones.

Capítulo 2: Cómo Aceptar Ser una Persona Empática

Cuando tiene el poder de sentir las emociones de otras personas puede ser tanto positivo como negativo. Por un lado, puede captar la energía positiva y disfrutarla, pero, por otro lado, también puede captar la energía negativa y pasar un mal rato. Esto es un factor decisivo porque existe mucha más energía negativa que positiva en el mundo.

Si usted es una persona empática, puede caer fácilmente en la tentación de etiquetar su habilidad como una maldición y encerrarse en su pequeño mundo, pero no hay razón para que sea así. En su lugar, debería aceptar su don especial y usarlo para mejorar su vida.

A continuación, enlistamos algunas maneras de aceptar su capacidad para obtener lo mejor de usted:

Encontrar un espacio para restaurar su energía

Mantenerse en contacto con la gente durante mucho tiempo agotará su energía. Para restaurarla, debe retirarse a un área tranquila. Improvise un lugar donde pueda retirarse de vez en cuando. Este espacio debe estar bien diseñado y sin distracciones. Equipe su espacio con cosas que le ayuden a adquirir tranquilidad, como la música y los colores claros. Por ejemplo, puede crear un espacio adicional en su casa para este propósito. Cuando vuelva del trabajo, puede retirarse a este lugar para renovarse.

Huir de la energía negativa

Si ha pasado la etapa de separar sus emociones de las emociones de otras personas, está en posición de identificar la fuente de energía negativa. Cada vez que se encuentre con alguien que está lleno de energía negativa, inevitablemente captará su energía. Pero no debe aguantar y sufrir de manera innecesaria. Debe excusarse y alejarse de la energía que emana. Esto no significa ser egoísta; es un acto de preservar su cordura. En esta era de internet, no tiene que estar físicamente cerca de una fuente de energía negativa para experimentarlo. Esa energía puede llegar a usted a través de las redes sociales o incluso correo electrónico. Por lo tanto, asegúrese de bloquear a las personas que son fuentes de energía negativa electrónica.

Realizar actividades recreativas

¿Qué sucede al absorber las emociones negativas de otras personas? Se sentirá debilitado. La situación empeora si carece de conciencia, como la mayoría de las personas empáticas, de su situación. Puede participar en actividades que le ayuden a deshacerse de la energía negativa. Por ejemplo, ir al gimnasio, salir a caminar o incluso ser voluntario en una organización de caridad. El propósito de realizar estas actividades es tener una salida para sus emociones. Si otorga espacio a las emociones negativas de otras personas, eventualmente su calidad de vida se verá afectada.

Perseguir sus sueños

Al captar constantemente las energías de las personas negativas, es más susceptible de sufrir un colapso. Sin embargo, en lugar de retirarse a su caparazón y huir de las personas, debe aplicar su riqueza de emociones para perseguir sus sueños. Cuanta más profundidad emocional posea, mayor será su reserva de creatividad. Tome ventaja de sus emociones y obtenga algo de gran calidad para que el mundo pueda reconocerlo. Por ejemplo, si es un escritor, escriba un gran guión. Explore sus emociones a través de los personajes. El mundo lo apreciará. ¿Y lo que es mejor? ¡Podría hacer una fortuna!

Mostrar gratitud

¡Ser una persona empática no es una maldición! ¡Mucha gente sufre más! ¿Qué tal mostrar algo de gratitud? Cuanto más agradecido esté por la vida que tiene actualmente, mejor se sentirá. Ser agradecido es un elemento clave para cultivar la mentalidad correcta y encontrar más formas de mejorar su vida. Además, al ser agradecido, naturalmente cultivará alianzas con otras personas. Tiene muchas más posibilidades de lograr el éxito al tener una red vasta, que cuando está solo por su cuenta.

Contactar con otras personas empáticas

Si usted es una persona empática, debe estar cansado de que la gente le diga que es demasiado sensible. Revisa los pequeños detalles y tiene una forma estricta de hacer sus actividades. Puede sentirse como un extraterrestre entre los seres humanos porque nadie parece entenderle. Pero ese no debería ser el caso. Seguramente puede encontrar personas, también empáticas, que son espíritus afines. Si no conoce a nadie en su área de residencia, puede buscar comunidades en línea y seguramente encontrará una comunidad que incluya a personas como usted. Cuando encuentre a su familia, finalmente experimentará un sentido de pertenencia y la vida no será tan difícil como parecía en primera instancia. Pueden seguir adelante juntos para animarse mutuamente.

Meditar

Muchas veces subestimamos la utilidad de la meditación. Esta antigua práctica es fundamental para restablecer el equilibrio en su mente y espíritu. Como persona empática, es recomendable enfocarse a la meditación para eliminar la energía negativa y mejorar su mente y espíritu. Si medita regularmente, obtendrá la resistencia mental necesaria para sobrellevar el día sin que le afecten las emociones de otras personas. La meditación le ayudará a cultivar una identidad firme de sí mismo.

Entender que está bien no encajar

Algunas personas empáticas consideran su capacidad como una carga, no como un don especial, y esto les afecta demasiado. Esto puede resultar en que se cierren por completo. Y lo anterior genera atención no deseada. La gente reacciona pensando que hay algo cuestionable en ellos y los trata con sospecha. La sociedad termina tratando a tales personas como marginadas. Las personas empáticas deben estar orgullosas de su don y aceptar con orgullo sus características peculiares en lugar de bloquearse. Si aceptan abiertamente su peculiaridad, la sociedad no les tratará como rechazados.

Capítulo 3: Beneficios Prácticos de Ser una Persona Empática

A continuación, enlistamos algunos beneficios de ser una persona empática:

Habilidad para detectar mentiras

Si tiene experiencia, debe saber que las personas no son del todo sinceras. Tienen una necesidad casi innata de mentir. Como persona empática, puede reconocer inmediatamente cuando alguien miente. Bastará con una mirada para saberlo, ya sea por su lenguaje corporal o por intuición, que han dicho una mentira. Esto realmente puede ayudarle a sobrellevar la vida mientras evita campos de minas figurativos en forma de falsedades. Ser capaz de detectar mentiras le ayudará a ahorrar tiempo y también a lograr los objetivos importantes de su vida.

Creatividad

Como persona empática, puede ser muy expresivo. Esta capacidad le ayuda a tener éxito en cada situación de trabajo, ya que posee un toque de creatividad. Las personas empáticas tienden a prosperar en carreras profesionales que requieren creatividad, particularmente las artes. Esta racha creativa le ayudará a atraer un gran número de seguidores, oportunidades exclusivas y conocer a personas importantes. Ser creativo es crítico incluso en relaciones sólidas. Muchas relaciones fracasan no porque las parejas no sean compatibles entre sí, sino simplemente porque la pareja, especialmente el marido, es una persona carente de imaginación.

La gente confía en usted

Seamos realistas: la mayoría de la gente es desconsiderada. Nadie tiene tiempo para perder prestando atención a los problemas de otro. Es aquí donde entra la persona empática: alguien que no solo tiene el tiempo para escuchar sus problemas, sino que también está dispuesta a ayudarle a deshacerse de ellos. Cuando la gente se encuentra con una persona tan complaciente, se sienten atraídas hacia ellas porque son sinceras. Sienten confianza y, por lo general, les revelan sus secretos ocultos. Siempre es bueno que la gente confíe en usted porque esto sienta las bases para ayudarse mutuamente.

Los animales se sienten atraídos hacia usted

Numerosos estudios han confirmado lo que las personas empáticas siempre supieron: los animales tienen sentimientos. Los animales pueden distinguir a una buena persona de una mala persona. Si intenta hacer daño a un animal, intentarán huir antes de dejar clara su intención. Las personas empáticas sienten demasiado amor hacia los animales. Comparten una conexión. Por esta razón, los animales son atraídos hacia ellos. Los empáticos tienen sentimientos sinceros hacia todas las criaturas.

Elegir vibraciones positivas

Ser una persona empática emocional implica que puede captar las vibraciones que la gente emite. La mayoría de las personas empáticas se enfocan en el lado negativo de su habilidad; por lo que absorberán energía negativa. Pero en el lado positivo, también pueden absorber energía positiva. Esto significa que, si se rodean de personas positivas, su estado emocional no será importante, ya que también se sentirán positivos. Deben priorizar las relaciones con personas positivas para que puedan aprovechar este don. Conocer a personas positivas de manera consistente puede ser desafiante, pero al igual que con cualquier otra cosa, puede lograrlo con suficiente determinación.

Gran capacidad para expresar amor

Cuando dos personas están en una relación, uno de los desafíos que enfrentan es entenderse mutuamente. Es posible que no lleguen a menudo a un acuerdo común. Como persona empática, puede comprender a alguien a un nivel más profundo. Esta capacidad le permite expresar su amor y compromiso con su pareja de una manera incomparable. Su compañero apreciará enormemente su capacidad para comprenderle y le inspirará a convertirse en una mejor pareja. Como sabemos, se necesita un gran esfuerzo por parte de ambos para hacer que una relación funcione.

Capacidad de curación

Las personas empáticas tienen la capacidad de curar a las personas de diversas aflicciones. Cuando el dolor se manifiesta en el plano físico, significa que el plano espiritual no está correctamente alineado. Para que la enfermedad desaparezca, el plano espiritual deberá ser sanado primero. Las personas empáticas tienen este potencial restaurador natural. Pueden ayudar a restaurar el plano espiritual a un equilibrio perfecto y, por ende, ayudar a esa persona a deshacerse del dolor que les aflige. Por lo tanto, se dice que las personas empáticas tienen capacidades de curación en virtud de sus poderes restauradores.

Apreciar la belleza

Una persona empática posee una capacidad excepcional para apreciar la belleza. Poseen una habilidad innata para observar la perfección en las cosas grandes y pequeñas de la vida. Lo que puede parecer normal para los ojos promedio de una persona común, podría ser una obra de inmensa belleza para una persona empática. Por esta razón, se sienten atraídos por cosas auténticas y orgánicamente formadas. No aprecian las cosas brillantes porque saben que es probable que la calidad haya sido comprometida. Para ellos, la belleza está presente en todas las cosas que existen.

Apartarse de los problemas

Tendría que ser sobrehumano para evitar todo tipo de problemas. Pero aun así, tener la capacidad de percibir cómo es una persona con solo conocerla, junto con la capacidad de predecir lo que sucederá en el futuro, le inspira a protegerse. Si su intuición le dice que una persona es peligrosa, obviamente se mantendrá alejado de ella, evitando problemas. Si ha soñado con algo terrible que sucede en el futuro, puede actuar en el momento para mitigar el impacto del problema o eliminarlo por completo.

Sin necesidad de falsedad

No hay nada más que aleje a las personas empáticas que las cosas o personas falsas. Así que, naturalmente, no querrían ser lo que detestan. Una persona empática desea ser auténtico sobre todos los aspectos de su vida. Esto los hace parecer firmes, maduros y profundamente creativos. En un mundo plagado de cosas y personas falsas, un sentido de originalidad es siempre bienvenido.

Cuando se sienten felices, son inmensamente felices

Esto se remonta a la capacidad de una persona empática para sentir sus emociones de manera integral. Experimentan cada emoción hasta el último momento. Si es dolor, lo sienten profundamente, pero si es felicidad, lo disfrutan inmensamente. Esto es porque su emoción les permite ser extremadamente felices mientras pueden.

Capítulo 4: Dificultades de las Personas Empáticas

A continuación, enlistamos algunas de las dificultades que enfrentan las personas empáticas:

Problemas para ver televisión

La televisión es uno de los medios de entretenimiento más populares. En todo momento, hay cientos de millones de personas con los ojos puestos en ella. Lamentablemente, la televisión está llena de contenido que ahuyenta a las personas empáticas. Cosas como la crueldad, la tragedia y la violencia tienden a repelerles. Pueden ver la televisión durante un tiempo limitado para ponerse al día con programas que no son violentos y que aportan algo bueno a sus almas sensibles.

Dificultad para decir NO

Una persona empática es altamente sensible y no soporta tener que decepcionar a otras personas. Si alguien les pide un favor, aceptarán diciendo "sí" a pesar de que les molestaría. Esto hace que se sientan culpables porque asumieron responsabilidades que no estaban listos o dispuestos a cumplir. La incapacidad para decir "no" da como resultado problemas y, en última instancia, reduce la calidad de vida.

Para aprender a decir "no" sin sentirse culpable, tendrán que adquirir habilidades asertivas.

No soportar salir de casa

Las personas empáticas prefieren permanecer en sus habitaciones tanto como sea humanamente posible porque una vez que salen, se encontrarán con otras personas, y luego comenzarán a absorber sus energías. La idea de salir de casa les asusta un poco. Sin embargo, tienen que salir porque no es práctico quedarse en casa todo el tiempo. Es indispensable aprender medidas para proteger su energía mientras están fuera. Una de estas medidas incluye visualizar un escudo protector de luz alrededor de su cuerpo.

Alta sensibilidad

Las personas empáticas son extremadamente sensibles. En las reuniones sociales, les resulta difícil adaptarse porque examinan cada palabra que se dice. Son conscientes de lo que dicen y de cómo se comportan frente a los demás. Esto es lo que contribuye a que se sientan incómodos al estar en público. Además, gracias a su naturaleza sensible, tienden a detectar problemas donde no los hay. Por ejemplo, si saludan a alguien y la persona no responde, comienzan a imaginar que dicha persona les odia. Pero no se detienen a considerar que su voz es baja y su tono nervioso y que posiblemente la otra persona no les escuchó, y por eso no respondieron.

Sentirse fácilmente abrumados

Para una persona empática, no hay nada más exigente que estar a solas en público. Ya sea que estén en el centro comercial, en el gimnasio o en el supermercado, experimentan una gran cantidad de emociones que los abruman. Este estado les hace sentir incómodos y nerviosos. Es necesario adoptar estrategias que les ayuden a diferenciar las energías de los demás y, lo que es más importante, a proteger su energía.

Falta de amigos

Una persona empática puede detectar rápidamente a la gente falsa. Lamentablemente, los verdaderos amigos son pocos. La mayoría prefieren quedarse solos que tener amigos falsos. Su naturaleza sensible les hace renunciar fácilmente a buscar verdaderos amigos. Por lo tanto, prefieren quedarse solos. El hecho de que tengan dificultades para involucrarse con otras personas, hace que sea aún más difícil hacer amigos. En la medida en que atesoran su tiempo a solas, no significa que no puedan hacer amigos. Les encantaría tener amigos como todos, pero el problema es que dichos amigos son falsos, en realidad.

Cambios de humor

Como persona empática, ser abrumado con una variedad de emociones a medida que avanza el día afectará su estado de ánimo. Sus estados de ánimo cambiarán dependiendo del tipo de energía con la que interactúan. Si se topan con personas falsas, su estado de ánimo se volverá amargo y si se encuentra con personas positivas, se sentirán felices. Para tener un estado de ánimo sin variaciones, es imperativo que tome medidas para mantener estable su energía. No es un ejercicio simple. Tendrá que practicar una y otra vez para hacerlo correctamente.

Dificultad para relacionarse con otras personas

Una cosa es tener amigos, y otra es relacionarse con ellos a un nivel profundo. Una persona empática puede tener dificultades para conectarse con otras personas porque su naturaleza sensible hace que no confíen en ellas con facilidad. Por lo general, se necesita mucho tiempo para confiar en alguien, a diferencia de otras personas que parecen confiar en otros en un instante. Cuando parece difícil confiar en las personas, difícilmente se abren a ellas, lo que afecta su capacidad para relacionarse. Las personas empáticas necesitan trabajar en su capacidad para confiar en los demás.

Tendencia a complicar sus relaciones

Estar en una relación con una persona empática puede ser complicado. Por un lado, son muy sensibles. Su compañero debe pensar adecuadamente sus palabras y acciones porque la persona empática puede captar el significado incorrecto y sentirse lastimado. Después de un tiempo, esto comienza a volverse agotador. Además, teniendo en cuenta la tendencia empática de absorber las emociones de otras personas, es posible que puedan negarse a pasar tiempo juntos. De vez en cuando se alejarían para dirigirse a un espacio aislado para renovar su energía. Esto puede ser muy frustrante, especialmente si disfruta pasar mucho tiempo con su pareja.

Atraen a los vampiros energéticos

Las personas empáticas atraen a los vampiros energéticos como polillas a la luz. Los vampiros energéticos operan con una vibración baja, y pueden detectar personas empáticas a una milla de distancia, y cuando lo hacen, se apresuran para absorber su energía. Los vampiros energéticos son excelentes para imitar el buen comportamiento, pero no pasa mucho tiempo antes de que la persona empática detecte su falacia. Los vampiros energéticos causan un gran daño a las personas empáticas porque no solo agotan su energía, sino que también les hacen sentir culpables cuando intentan alejarse.

Capítulo 5: Conceptos Erróneos Comunes de una Persona Empática

Existen diversos mitos acerca de las personas empáticas que simplemente no son verdaderos. Los siguientes son algunos conceptos erróneos comunes sobre ser una persona empática:

Debilidad

Este es el mayor concepto erróneo sobre las personas empáticas. Pueden absorber las energías que otras personas emiten, ¿no es eso una especie de súper poder? Así mismo, considere el hecho de que deben procesar todas esas emociones que surgen en sus mentes desde afuera y descubrirá que se necesita una energía impresionante para no ceder. Pueden ser muy sensibles e incluso llorar cuando experimentan melancolía, pero eso no sucede, y no quiere decir que pueda herirles a voluntad. Son personas fuertes. Esta fortaleza se manifiesta en su capacidad para absorber una variedad de emociones a lo largo del día y aun así mantener su cordura. Tienen una gran capacidad para resistir la ola de emociones negativas que les golpean constantemente, y esta capacidad es testimonio de su fuerza mental. Su tendencia a experimentar crisis no se debe al hecho de que son débiles; más bien, se debe a su naturaleza altamente sensible. Una persona empática experimenta el mundo intensamente, y puede sentir cada pizca de energía envuelta en una palabra o una acción. Por esta razón, sus emociones están muy influenciadas por lo que las otras personas dicen o hacen, y pueden interpretar de manera errónea el mensaje transmitido. Por ejemplo, si un hombre observa de manera insistente a una persona empática, su corazón podría comenzar a acelerarse, pensando que ese hombre quiere hacerles daño. Considerando que la verdad es que el hombre ni siquiera ha notado su presencia todavía, y solo está mirando fijamente el espacio vacío frente a él, perdido en sus pensamientos.

Considerarse especial

Como persona empática, está acostumbrado a crear altos estándares de sí mismo. Estos estándares se harán presentes tanto en sus objetivos profesionales como en su vida personal. Por ejemplo, si está buscando un compañero de vida, existen ciertas características que requerirá de ellos. Si esas características están ausentes, esto es un factor decisivo. Evidentemente, solo puede establecer una relación sólida cuando conoce a un compañero de vida con las características que considera importantes. Sin embargo, para otras personas que miran desde afuera, parecerá que está cerrado por completo. Podría decir que tiene una percepción demasiado alta de sí mismo y por eso aún no ha logrado establecer una relación sólida; espera ser tratado como si fuera alguien especial. Las personas empáticas no tienen derecho. Pero tienden a tener altos estándares sobre las cosas que quieren de la vida. Ya sea que se trate de cosas materiales, relaciones o amistades, deben alinearse con sus requisitos y esta expectativa rígida puede desprenderse de mantenerse por encima de los demás.

Sentirse atraídos por los narcisistas esperando que puedan cambiarles

El narcisista es un ser muy complejo. Tienen demasiados trucos bajo su sombrero; es algo asombroso. Cuando un narcisista entra en su vida, no dan ninguna señal de que algo anda mal con ellos. Se relaciona con ellos mientras son perfectos y, a medida que pasa el tiempo, surgen las complicaciones. Comienzan lentamente antes de que salga su verdadera naturaleza. Cuando un narcisista quiere hundir a una persona empática, primero se esfuerza por saber qué es lo que está buscando. Cuando han completado su tarea y se dan cuenta de lo que la persona empática está buscando, comienzan a proyectar estas cualidades. Si la persona empática no puede ver a través de la falsedad del narcisista, cae en su trampa. No es verdad en absoluto que se relacione con el narcisista con la noción idealista de querer salvarle. La persona empática es simplemente una víctima del narcisista. Cuando el narcisista se quita la máscara para que su verdadero yo salga a la luz, la persona empática se envuelve en confusión, luchando por dar sentido a lo que está sucediendo.

Ser frío e insensible

Las personas empáticas que aún no son conscientes de su don especial tienden a llevar vidas tristes. Pueden encerrarse y huir del mundo. Carecen de la conciencia de que pueden absorber las energías de otras personas para que las perciban como propias. Esto hace que se calmen y actúen como si no estuvieran interesados en el mundo. La gente podría ver tal empatía y concluir que son fríos e insensibles. No podrían estar más lejos de la verdad. Independientemente de su expresión facial, una persona empática está en todo momento procesando una emoción. Debajo de su exterior aparentemente frío, hay un mundo sensible que contiene una gran cantidad de emociones. En cuanto al empático empoderado, reconocen demasiado bien cuándo alejarse del contacto humano para recargar su energía. No tienen reparos en involucrarse con las personas y pasar un buen rato, pero la diferencia es que saben cuándo retirarse.

Son enfermos mentales

Otro gran concepto erróneo es que las personas empáticas padecen algún tipo de enfermedad mental. Además de ser un error, también es algo ofensivo. Las personas empáticas tienen que luchar para absorber las emociones de otras personas y esto puede hacer que parezcan extravagantes, pero no les enferma mentalmente. Su salud mental es muy alta, especialmente cuando se considera el hecho de que aún pueden organizar su vida a pesar de las constantes oleadas de emociones que les acechan. Claramente, no sufren ninguna enfermedad mental.

Son perezosos

Otro concepto erróneo es la idea de que las personas empáticas son perezosas. Es cierto que cuando sufren una interminable racha de intrusión emocional de una fuente externa, pueden volverse inactivos, pero esto no debe atribuirse a la pereza. En la mayoría de los casos, es una condición conocida como síndrome de fatiga crónica. Además, tener que soportar la energía de los vampiros, agotará su energía mental, emocional y física.

Capítulo 6: Niveles del Campo Energético Humano

Los seres humanos son en realidad multidimensionales. Estamos compuestos de capas de energía que se extienden a planos más allá del plano físico. Estos niveles de energía son fundamentales para ayudarnos a expresar el rango completo de las vibraciones que experimentamos.

Las siguientes son las capas de energía de las que está compuesto un ser humano:

Cuerpo físico

El cuerpo físico es la primera capa de energía. Es esencialmente lo que percibimos como partes de nuestro cuerpo. Aunque nuestros cuerpos están formados por diversos órganos y sistemas, en el nivel básico, todos estos órganos comprenden energía. Así que nuestro cuerpo físico es realmente una expresión de diferentes vibraciones.

Cuerpo etérico

El cuerpo etérico es la segunda capa. Básicamente se refiere al estado que está entre la materia y la energía. Se encuentra aproximadamente a un cuarto de pulgada del cuerpo físico. La capa etérica de energía se modela después del cuerpo físico, y es grisácea. El cuerpo etérico tiende a moverse en movimientos ondulados. Es una gran influencia en la estructura del cuerpo físico, y conforma varios patrones del mismo. El cuerpo etérico es lo que mantiene intacto al cuerpo físico.

Cuerpo emocional

Esta capa de energía es más ligera en comparación con el cuerpo etérico. Atiende a las emociones que experimenta un ser humano. La capa emocional de energía exuda una amplia gama de colores, a diferencia del cuerpo etérico que emite solo el gris. El cuerpo emocional oscila muy a menudo a través de una variedad de colores, a diferencia del cuerpo etérico que es bastante rígido. Dependiendo de la extremidad de las emociones que atraviesa una persona, el color de su cuerpo emocional puede ir de brillante a oscuro. El cuerpo emocional puede interpenetrar tanto el cuerpo etérico como el físico.

Cuerpo mental

El cuerpo mental se ocupa de los procesos de pensamiento que tienen los individuos. El cuerpo mental tiene una clara forma amarilla que rodea a toda la persona, pero se concentra principalmente alrededor de la cabeza y los hombros. El cuerpo mental está hecho de una sustancia áurica más ligera que el cuerpo emocional y etérico. El cuerpo mental está situado a unas diez pulgadas del cuerpo físico, pero se ensancha según la intensidad de la actividad mental de una persona. El cuerpo mental tiene una estructura y se pueden percibir varias formas de pensamiento. Es interdependiente con el cuerpo emocional. Diversas formas de pensamiento están iluminadas con distintos colores. Cuando una persona tiene un pensamiento claro, y no hay ningún ruido en su mente, su forma de pensamiento parecerá brillante. Pero cuando experimentan un juicio turbio, y hay demasiada niebla en su mente, su forma de pensamiento aparecerá oscura. El cuerpo mental es más fluido que el cuerpo emocional y etérico. Esto se debe a que la persona promedio siempre está comprometiendo a su cerebro a interpretar el mundo que les rodea. El cuerpo mental desempeña un papel crítico en el campo áurico y tiene una reacción en cadena en otras capas de energía.

Cuerpo astral

El cuerpo astral es el centro de transformación y transición. Los niveles más bajos del campo áurico se relacionan con las funciones y procesos inherentes a la experiencia física. Sin embargo, los niveles superiores del campo áurico se relacionan con las funciones y procesos de la experiencia no física. El cuerpo astral proporciona una entrada entre lo físico y lo no físico. No tiene ninguna estructura definida, pero al igual que el cuerpo emocional, presenta una amplia gama de colores para expresar varias formas. Está situado aproximadamente a un pie del cuerpo físico. Los colores del cuerpo astral tienen una mejor calidad estética que los del cuerpo emocional. Además, el cuerpo astral contiene un elemento rosado que está conectado al chakra del corazón o al estado de enamoramiento. Gran parte de la interacción no física entre las personas ocurre en el nivel astral de energía. Las personas con habilidades de clarividencia pueden observar cambios de energía entre las personas, aunque las personas involucradas no estén interactuando realmente. Por ejemplo, si dos personas tienen sentimientos intensos entre sí, como el amor o la ira, se pueden observar gotas de energía a través del nivel astral que se mueve entre ellas de un lado a otro.

El molde del cuerpo etérico

El molde del cuerpo etérico está situado a unos dos pies del cuerpo físico. Este molde juega un papel crítico en la formación de la capa etérica, y por extensión, del cuerpo físico. Existe un patrón que se parece al cuerpo físico que existe en la capa etérica. Este molde desempeña el papel de informar al cuerpo etérico. Crea un espacio sobre el cual puede existir el campo áurico etérico. Es crítico en la construcción de la red donde se manifiesta la energía física.

El cuerpo celestial

El cuerpo celestial es el campo áurico que nos permite experimentar el amor universal y la conciencia enriquecedora del alma. Es la forma emocional de la red espiritual. El amor por la humanidad se procesa tanto en el cuerpo astral como en el chakra del corazón, pero el cuerpo celestial hace posible experimentar el amor universal. El cuerpo celestial nos ayuda a unirnos a todas las cosas existentes y a vernos a nosotros mismos como una extensión del universo, no como una entidad independiente. Se extiende a aproximadamente dos y tres cuartos pies del cuerpo físico y es mucho más ligero que la capa del molde etérico.

El molde etérico o cuerpo causal

El molde etérico está situado alrededor de tres pies y medio del cuerpo físico. Desempeña un papel protector sobre todos los otros cuerpos en el campo áurico. Es la capa áurica final en el campo de energía humana y desempeña un papel importante en la definición del camino que un individuo seguirá a lo largo de su vida. Este cuerpo de energía está hecho de una sustancia extremadamente ligera, y el color dorado es dominante. Las personas con habilidades clarividentes pueden observar destellos de luz dorada alrededor de una persona. Es crítico para comprender su conciencia, así como los asuntos que afectan sus vidas pasadas.

Capítulo 7: Elevar su Vibración

El cambio es la única constante. En cada momento, está actuando o reaccionando a la vida, y el resultado es un aumento o una disminución de la vibración. Cada acción o interacción a lo largo de su vida afectará sus niveles de energía. Si toma buenas decisiones, aumenta su vibración y, a la inversa, si toma malas decisiones, baja su vibración. Necesita estar lleno de energía para experimentar una alta frecuencia. Si su energía se agota, experimentará vibraciones bajas y, como resultado, su cuerpo mental, espiritual y físico se verán afectados.

Como persona empática, corre el riesgo de que su energía sea agotada principalmente por vampiros energéticos. Por lo tanto, debe dominar las vibraciones para que no sea afectado por la experiencia negativa que viene con las bajas frecuencias, como estancamiento, letargo, negatividad y complicaciones de salud. También necesita tener una vibración más alta para estar completo y disfrutar de su vida al máximo.

Los siguientes son algunos consejos que puede seguir para aumentar su frecuencia:

Alejarse de amigos tóxicos

Se dice que somos el promedio de las cinco personas con las que pasamos la mayor parte del tiempo. Siguiendo esta premisa, podemos deducir que pasar tiempo con personas positivas nos convertirá en una persona positiva, así como pasar tiempo con personas negativas nos convierte en una persona negativa. Aprenda a reconocer a las personas con personalidades tóxicas en sus círculos sociales y procure alejarse de ellas antes de absorber su carácter. Al eliminar a las personas negativas de su vida, tendrá la oportunidad de acumular la energía que necesita para desarrollarse. Su negatividad le habría impedido tomar decisiones satisfactorias.

Depurar su cuerpo

Es fácil envenenar a nuestros cuerpos a través de lo que consumimos. Si no vigila su dieta, podría acumular sustancias nocivas en su cuerpo muy fácilmente, lo que podría tener consecuencias desagradables. Para elevar su vibración, debe conservar un cuerpo limpio y sano. Primero, elimine las toxinas, y continúe, observando lo que come. Existen diversas formas de eliminar las toxinas de su cuerpo, y deberá encontrar la que más le favorezca. Algunos métodos requerirán orientación profesional y otros se pueden hacer por su cuenta. Para mantener el nivel de toxinas al mínimo, asegúrese de seguir una dieta balanceada y consuma muchas frutas y verduras.

Ejercitarse

Las personas que hacen ejercicio de manera regular tienen una condición física considerablemente mejor que las personas que no hacen ejercicio en absoluto. Como persona empática, necesita tener la fuerza mental y emocional para visualizar una membrana protectora a su alrededor para que los vampiros no agoten su energía. El ejercicio mejora la salud del corazón y ayuda a su cuerpo a realizar varias funciones de manera óptima. Si comienza a hacer ejercicio con regularidad, las células de su cuerpo se volverán fuertes y tendrá más energía para dedicarse a sus actividades diarias. Es mucho más probable que logre sus objetivos de vida con un cuerpo sano que cuando su salud está fallando.

Meditar

La meditación es otra gran manera de elevar su vibración. Es un excelente método para liberar la tensión y calmar el ruido en su mente. Al eliminar el ruido de su mente, se encuentra en una mejor condición para tomar decisiones y salir adelante. La meditación mejora tanto el estado emocional como el físico de una persona. Cuanto más firme emocionalmente esté, más posibilidades tendrá de alcanzar el éxito.

Escribir un diario

Escribir sus pensamientos es una forma subestimada de elevar su vibración. Al expresar sus pensamientos en el papel, tendrá la oportunidad de curarse de las experiencias preocupantes por las que ha pasado. Un diario tiene un efecto terapéutico. Más importante aún, le ayudará a notar el patrón de su consumo de energía. Por ejemplo, si su energía se agota alrededor de ciertas personas, lugares o períodos particulares, lo sabrá. Tendrá una idea de cómo se relaciona con diversos factores externos. Esta conciencia puede ayudarle a tomar decisiones conscientes para aliviar su sufrimiento y promover el bienestar.

Ser amable y generoso

Algunas personas parecen igualar su amabilidad o generosidad con la capacidad de una persona para desembolsar dinero. En realidad, el recurso más grande que podría ofrecer es su tiempo y afecto. Aprenda a extender una mano de ayuda a los necesitados. Si hace que la vida de otras personas sea fácil, tendrá un sentido de orgullo y aumentará su entusiasmo por la vida. Al estar en un excelente estado emocional, es menos probable caer en la negatividad y otras complicaciones desagradables relacionadas con las bajas vibraciones. Adquiera el hábito de practicar la bondad, y de esta manera mejorará su estado emocional.

Cuidar el alimento de su mente

Si alimenta su mente con negatividad, disminuirá su vibración, y si alimenta su mente con positividad, elevará su vibración. Vigile cautelosamente los tipos de medios a los que se expone. Por ejemplo, no desarrolle el hábito de ver programas de televisión que promuevan la violencia. Para una persona empática, observar la violencia agotaría su energía y le haría funcionar a baja frecuencia. En esta era de Internet, los medios de comunicación violentos y deshumanizantes están a solo unos clics de distancia, y es mejor que intente evitarlos.

Música

La música es una gran manera de aumentar su frecuencia. Al escuchar música suave, puede alejar sus preocupaciones y renovar su espíritu. Evidentemente, usted deberá escuchar música que sea positiva o del tipo que satisface su idea de entretenimiento. Si su energía se ha agotado como resultado de mezclarse con vampiros energéticos, aumente su vibración al escuchar música positiva. La música elevará sus niveles de energía. Al sentirse renovado, se encontrará en el mejor momento para hacer frente a la vida.

Capítulo 8: Características de las Personas Altamente Sensibles

Una persona altamente sensible posee un procesamiento cognitivo intenso hacia estímulos emocionales, mentales y físicos. Esto les hace reaccionar a las situaciones de diferentes maneras que las personas bien adaptadas. Los siguientes son algunos rasgos que presentan las personas altamente sensibles:

Abrumarse fácilmente

Una persona altamente sensible es fácilmente abrumada por diferentes estímulos. Por ejemplo, no pueden soportar quedarse en entornos con demasiado ruido o poca luz. Son sensibles al ruido y a las luces intensas. A las personas sensibles les gusta establecer familiaridad con las cosas antes de que empiecen a usarlas de manera habitual. Esto les hace parecer extraños frente a otras personas bien adaptadas.

Tomarse demasiado tiempo para completar sus deberes

Para una persona sensible puede ser una verdadera pesadilla completar una tarea dentro de un tiempo limitado. A las personas sensibles les gusta tomarse su tiempo cuando realizan sus actividades. Su actividad mental es vigorosa. Sus pensamientos se disparan de una docena de formas, y les resulta difícil conciliar el hecho de que tienen que entregar resultados perfectos y el tiempo es limitado. Las personas sensibles apenas pueden actuar cuando están sometidas a mucha presión. Por esta razón, destacan tanto en las carreras artísticas como en el diseño, en las carreras de alta presión y el periodismo.

Disfrutan estando solos

A la persona promedio le gusta mezclarse con otras personas para no sentirse solo. Sin embargo, una persona sensible prefiere estar sola. Esto no significa que cierren los lazos humanos por completo. Podrían tener un pequeño grupo de amigos para sus necesidades de socialización. A las personas sensibles les gusta retirarse a la soledad porque se agotan cuando pasan tiempo con otros. Pueden percibir los pensamientos y las energías de las otras personas que les rodean y, de hecho, absorber sus energías. Su capacidad para absorber las energías de otras personas les obliga a aislarse para que no tengan que pasar nuevamente por lo mismo.

Extremadamente observador

La persona promedio solo observa lo evidente. Por ejemplo, cuando una persona promedio entra en la oficina de su jefe, puede que solo se fije en su estilo de vestir. Sin embargo, una persona sensible profundizaría en las sutilezas. Notarían el color de la ropa, el tipo de zapatos, el ángulo de sus ojos, su aroma, etc. Las personas sensibles tienen habilidades de observación astutas. Son los primeros en notar una anomalía o una desviación de la norma.

No poder trabajar al estar exaltados

Una persona sensible debe superar su exaltación antes de poder funcionar de manera normal. Por ejemplo, si reciben noticias extremadamente felices, se ven obligados a dejar de hacer lo que están haciendo y concentrarse en celebrar. Solo pueden regresar a trabajar una vez que hayan superado las emocionantes noticias. Si una persona sensible se viera obligada a trabajar mientras estaba en estado de exaltación, seguramente no se desempeñaría de manera adecuada. Para minimizar lo anterior, las personas sensibles tienen que deshacerse de las cosas que pueden estimularles cuando necesitan estar enfocadas.

Pueden leer la mente y el estado de ánimo de otras personas

La persona promedio y bien adaptada, difícilmente puede leer la mente de otras personas, pero una persona sensible solo tendría que mirar a una persona para poder leer su mente. Esta especial habilidad les ayuda a anticipar lo que otras personas están por decir o hacer, y en la mayoría de los casos tienen razón. Las personas sensibles son muy intuitivas y confían en este don para detectar las vibraciones de quienes les rodean. Por lo tanto, pueden leer no solo la mente de otras personas, sino también sus estados de ánimo.

Muy imaginativos

Una persona sensible tiene un sentido infantil de maravilla dentro de ellos. Siempre están estudiando minuciosamente las cosas en su mente. Dependiendo de la riqueza de sus emociones, una persona sensible posee una vasta imaginación que utiliza cuando la necesita. Es mucho más probable que una persona sensible encuentre una solución creativa para un problema que una persona no sensible. Su creatividad les hace aptos para desarrollarse en las artes. Tienden a crecer donde no hay reglas convencionales, y tienen permiso para expresarse según lo dicte su imaginación.

Muy filosóficos

Las personas sensibles tienden a hacer preguntas profundas, filosóficas. El mundo presenta este gran misterio, y tienen que tratar de entender el mundo a través de una perspectiva filosófica. Una persona sensible tendrá preguntas, por ejemplo, ¿de dónde provienen los humanos? ¿Por qué estamos aquí? ¿Cuál es nuestro destino? Su mente filosófica se extiende desde el deseo de encontrar respuestas sobre la existencia humana a todos los demás aspectos de la vida. Pueden tener una filosofía que toca la sexualidad, la sociedad y el sistema educativo. Las personas sensibles también tienden a leer mucho en un intento de explicar sus preguntas sin respuesta.

Comprender las emociones humanas mejor que otras personas

Las emociones humanas pueden ser bastante confusas. La persona promedio puede no ser capaz de entender sus propias emociones o las emociones de otras personas. No importa cómo se desarrollen estas emociones; es posible que no comprenda del todo la profundidad o la naturaleza de las emociones de una persona. Sin embargo, cuando se trata de una persona sensible, son excelentes para descifrar los sentimientos precisos de los demás. A veces, ni siquiera es necesario que se lo digan, ya que pueden deducir por sí mismos simplemente observando lo que la persona en cuestión ha pasado. Por ejemplo, si los padres de alguien han sido asesinados, la persona evidentemente se pondrá de luto. Sin embargo, una persona sensible puede percibir con precisión cuán devastada se siente esa persona.

Pueden quedarse quietos durante periodos prolongados

Una persona sensible puede permanecer quieta por un período prolongado de tiempo siempre que no haya distracciones. Esta habilidad les permite estar increíblemente enfocados cuando realizan una actividad. Pero entonces no necesariamente tienen que estar trabajando. Pueden sentarse en un asiento y permanecer inmóviles durante un largo período de tiempo sin participar en ninguna actividad en absoluto. Esto es difícil para la persona promedio considerando que necesita contacto humano de manera constante.

Capítulo 9: Tipos de Vampiros Energéticos

Vampiro víctima

El vampiro víctima es el tipo de persona que piensa que está a merced del mundo. Tienen una larga lista de personas que "les hicieron mal", y creen que, si no fuera por estas personas, sus vidas hubieran sido mejores. Consideran que todos están tramando algo contra ellos. Al entrar en contacto con un vampiro víctima, harán que parezca que sus acciones o palabras han afectado sus vidas. Le harán sentir como si usted fuera el villano.

Vampiro inocente

No todos los vampiros energéticos son personas maliciosas. Algunos pueden ser personas que son importantes para usted. En la mayoría de los casos, son personas que tienen razones válidas para depender de usted. Por ejemplo, si su cónyuge sufre un accidente y tiene que confiar en usted, o su hermano menor no ha dejado de sentirse necesitado, o sus padres siempre están vigilándole. Está bien ayudar a estas personas con lo que le pidan, pero al mismo tiempo, debe establecer planes para asegurarse de que se vuelvan autosuficientes tan pronto como sea humanamente posible.

Vampiro narcisista

Un narcisista no puede mostrar empatía. Tienden a acercarse usando una máscara, una identidad falsa, y al bajar la guardia, su verdadera naturaleza sale a la luz. Un narcisista solo se preocupa por sus propias necesidades. No se detendrán ante nada para asegurarse de que han obtenido lo que quisieran de usted. Un narcisista se enorgullece cada vez que se encuentra con una persona empática porque sabe que son fáciles de aprovechar. Absorberán su energía, gracias a su naturaleza parasitaria. Una vez que un narcisista haya concluido con su objetivo, se librarán de usted.

Vampiro dominador

Este tipo de vampiro trata de involucrarse en todos los aspectos de su vida siendo dominante. Quieren influir hasta en el más mínimo detalle. Al dejarlos de lado en cualquier decisión que tome, actuarán molestos con usted. Su intenso deseo de dominar a los demás proviene de un punto de inseguridad. Tienen miedo de ser vistos como débiles. Las personas empáticas son blancos fáciles debido a su naturaleza sensible. Un vampiro dominador le hará sentir sofocado con su presencia y un deseo infinito de ser el arquitecto de su vida, y por esta razón, absorberán su energía.

Vampiro melodramático

Los vampiros melodramáticos son excelentes para crear dramas. Le harán involucrarse en problemas que podrían haberse evitado fácilmente al observar las reglas básicas de la decencia. Podrían estar divirtiéndose, y luego comenzarán una pelea con alguien al azar y le expondrán al peligro. Lo que realmente ocurre con un vampiro melodramático es que se sienten vacíos en su interior. No tienen ninguna razón por la que vivir y, por lo tanto, crear drama se convierte en su segunda naturaleza. Los vampiros melodramáticos son muy determinados, pero si desea deshacerse de ellos, deberá ser particularmente desconsiderado.

Vampiro crítico

Este tipo de vampiros se desarrollan al emitir juicios sobre todo lo que hacemos. Tienen la intención de hacerle sentir mal por sus decisiones o acciones. Por ejemplo, si compra un regalo para un ser querido, el vampiro crítico puede difundir rumores maliciosos sobre la necesidad de comprar el amor. Tienen la intención de empañar su reputación y hacerle parecer malvado. Las personas empáticas son sensibles, y cuando alguien juzga sus hechos, se sienten decepcionados. Deben mantenerse alejados de las personas que los juzgan para evitar que sus sentimientos sean lastimados y, por ende, sufrir una pérdida de energía.

Vampiro acusador

El vampiro acusador nunca puede aceptar la responsabilidad por las cosas que están mal en su vida. Por ejemplo, si acompaña a un amigo a postularse para la universidad y su solicitud falla, y luego le culpa por hacer que su solicitud no haya sido aceptada, ciertamente es un vampiro acusador. Este tipo de vampiros se niegan a hacerse cargo de su propia vida y buscan a alguien a quien culpar por lo que está mal en su vida. Un vampiro acusador no hará las cosas solo. Delegan trabajo a sus víctimas. Si las cosas marchan mal, muestran la tarjeta de culpa, pero si su plan se desarrolla, disfrutarán su victoria.

Vampiro celoso

El vampiro celoso nunca se alegrará por nadie. Tampoco se conforman con eso. Intentarán lastimar a cualquiera que consideren que les va mejor que a ellos. La persona celosa tratará de idear un plan para hacerle daño a otra persona, para dejarla devastada. Por ejemplo, si logra que alguien se convierta en su pareja, podría ponerse en contacto con ellos, decir algunas cosas falsas y acabar manchando su nombre, haciendo que su pareja le vea de manera sospechosa. El vampiro celoso disfruta viendo sufrir a la gente.

Vampiro resentido

No solo es agotador estar cerca de este tipo de personas, sino que también es realmente molesto. Cuando se enfrentan con el menor desafío, su reacción instintiva es lloriquear y quejarse al respecto, en lugar de tomar acciones útiles. Al permanecer cerca de una persona que está quejándose eternamente, su negatividad eventualmente se acerca y hace que sus vibraciones bajen. Este tipo de vampiros pretender influenciar para que desarrolle pensamientos negativos y reprimir su capacidad de progresar. Las personas empáticas deben tener en cuenta la presencia de este tipo de personas y eliminarlas de su vida.

Vampiros inseguros

Algunas personas son tan inseguras sobre sí mismas que terminan convirtiéndose en vampiros energéticos. El problema de ser inseguro es que nos hace buscar formas de sobre compensar. Por ejemplo, si un hombre de estatura baja es inseguro acerca de su altura, podría desarrollar un extraño hábito para parecer más alto. Se enfrentaría a un duro intento y este comportamiento le impedirá tener interacciones normales con otras personas. Cuando una persona proyecta demasiada inseguridad, otras personas tienden a desconfiar de ella. Esto provoca conflictos a nivel emocional y astral.

Capítulo 10: Cómo Detectar y Protegerse de los Vampiros Energéticos

¿Alguna vez ha estado en algún lugar sintiéndose lleno de energía y después de pasar un tiempo en ese lugar, se ha sentido agotado? ¿O alguna vez ha conocido a alguien y después de pasar tiempo con esa persona, sintió una pérdida de energía? Ambas situaciones apuntan a un encuentro con un vampiro energético. La mayoría de ellos solo están interesados en sus propios deseos, carecen de empatía y son demasiado inmaduros. Un vampiro energético le provocará sentirse agotado, irritado y abrumado. Puede ser cualquier persona: amigos, familia, compañeros de trabajo, etc. Una vez que detecte que alguien es un vampiro energético, lo más recomendable es apartarlo de su vida. Deshacerse de esa persona no es un acto egoísta; es un acto de auto protección. Las vibraciones de los vampiros energéticos son excesivamente bajas. Como estrategia de afrontamiento, necesitan absorber la energía de otros a través de las siguientes formas:

- o **Chismorreo**: Un vampiro energético sabe que la gente quiere escuchar una buena historia. Entonces, dicen algo en un intento de ganar la atención de su víctima. Recurren a decir mentiras sobre otras personas. Si un vampiro energético habla de otras personas, puede estar seguro de que también hablarán de usted con otras personas. También inician conflictos entre las partes al decirle a cada lado noticias opuestas.

o **Manipulación**: Un vampiro energético es un maestro manipulador. Antes de acercarse a alguien, ya tienen un guion preparado y han ensayado cómo aprovecharse de esa persona. No sienten remordimiento por manipular a las personas para que cumplan sus órdenes, ya que su capacidad de empatía es increíblemente limitada. Los vampiros energéticos obtienen un alto nivel de manipulación de las personas y se salen con la suya.

o **Quejas**: No existe nadie más "herido" en el mundo entero. Un vampiro energético cree que el mundo está en su contra. Pueden aprovecharse de alguien y, sin embargo, encontrar una manera de cambiar la historia para que parezcan ser las víctimas. Un vampiro energético es excelente para inventar historias, y tienen la experiencia de hacerse pasar por víctimas. Debido a este hábito de quejarse constantemente, tienden a estar desmotivados en su trabajo, sabiendo que pueden encontrar algo de lo cual quejarse o alguien a quien culpar.

o **Gran ego**: Un vampiro energético posee un ego masivo, acompañado con delirios de grandeza. Se fijan metas extremadamente ambiciosas. Los objetivos no son realistas porque carecen de los medios para alcanzarlos. Su ego masivo también se manifiesta en cómo tratan a otras personas. Piensan que son personas especiales y están por encima de todos los demás. Por lo tanto, actúan de forma determinada y esperan que todos se inclinen ante ellos. Cuando un vampiro energético entra en su vida, normalmente tendrán el objetivo de arrebatarle algo, antes de pasar a la siguiente víctima.

o **Irresponsabilidad**: Un vampiro energético casi nunca se hará responsable de nada. Quieren cosas fáciles y detestan la responsabilidad. Debido a esto, los vampiros energéticos son los peores candidatos para cumplir cualquier tarea seria. Por lo general le decepcionarán. Si tiene que confiar en un vampiro energético para completar una tarea, se frustrará con su desempeño mediocre y su falta de voluntad para ser responsable. Los vampiros energéticos desarrollarán rechazo hacia cualquiera que espere que sean responsables, pero al tratarse del caso contrario, son extremadamente despiadados.

o **Desatender las necesidades de sus dependientes:** Los vampiros energéticos únicamente están interesados en sus propias necesidades y en los que dependen de cualquiera que dependa de ellas. Por ejemplo, si el vampiro energético en cuestión tiene una familia, puede gastar sus ganancias en cosas vanas como el sexo y el alcohol a costa de su familia. Las personas que dependen de un vampiro energético llevan vidas muy complicadas debido a la crueldad y la humillación que el vampiro energético les impone. La mayoría de las veces, los niños criados por vampiros energéticos se convierten en inadaptados sociales porque no han conocido más que el dolor durante toda su vida.

Cuando un vampiro energético está cerca de usted se sentirá incómodo y pronto sus niveles de energía disminuirán considerablemente. Las siguientes son algunas cosas que ocurren al ser atacado por un vampiro de energía:

o **Náuseas**: Después de interactuar con un vampiro energético puede sentir náuseas. Esta sensación puede ir acompañada de dolor de estómago. Esto sucede porque su cuerpo está pasando por mucho estrés debido a la pérdida de energía. Una vez que se deshaga de la energía del vampiro, tanto la náusea como el dolor de estómago desaparecerán.

o **Dolor de cabeza**: Un vampiro energético también le hará experimentar un insoportable dolor de cabeza. Una vez que los niveles de energía se reducen, no hay suficiente energía para su cerebro. El cerebro reacciona al tratar de crear conciencia de que el cuerpo se ha quedado sin azúcares. El cerebro consume una parte significativa de la energía total de una persona, y si la energía sufre una pérdida, la capacidad de una persona para usar sus facultades mentales se ve gravemente afectada.

Una vez que detecta que cierta persona es un vampiro energético, el último remedio es alejar a esa persona de su vida. Sin embargo, en algunos casos, tiene que conservarlos porque juegan un papel indispensable en su vida. Los siguientes son consejos para ayudarle a enfrentar ataques de vampiros energéticos:

o **Establecer límites**: Hacerle saber a la persona que tiene límites que no se deben cruzar. Esto limita el tiempo que tiene para pasar en compañía de un vampiro energético.

o **Recitar mantras positivos**: Los mantras son frases cortas que se repiten una y otra vez con la intención de reafirmar una creencia particular. Usted puede crear más energía positiva recitando mantras.

o **Visualización**: Usando su visión interior, visualice una membrana de luz alrededor de su cuerpo, protegiendo su energía contra cualquier pérdida. Esto reducirá considerablemente la cantidad de energía perdida a causa del vampiro.

Capítulo 11: Cómo Dejar de Absorber la Energía de Otras Personas

Tener la capacidad de absorber la energía de otras personas sería excelente si viviéramos en Utopía. Lamentablemente, vivimos en la Tierra, y la mayoría de las personas albergan más energía negativa que positiva. Al estar cerca de las personas, se sentirá negativo, no porque lo sea, sino porque ha captado su energía. Evidentemente, usted necesita superar esta condición. Los siguientes son algunos consejos para ayudarle a dejar de absorber la energía de otras personas:

Alejarse

Alejarse no es tan fácil como parece. Primero, debe separar sus propias emociones de las de los demás. Una persona empática tiende a pensar erróneamente que tienen pensamientos negativos, cuando en realidad se trata de la energía que el vampiro energético canaliza, y en el momento en que se dan cuenta, el daño ya está hecho. Entonces, es necesario perfeccionar su capacidad para detectar un vampiro energético de manera inmediata y alejarse de él cuanto antes. Al alejarse, no tendrá más pérdidas de energía.

Meditar

Meditar es una manera perfecta de aumentar su estado de vitalidad. Le ayuda a renovar su mente y le proporciona una mayor cantidad de energía. Cuanto más medite, más fortalece su estado mental y espiritual. Eventualmente, se vuelve experto y adquiere ciertos poderes mentales que son ajenos a las personas normales. Para maximizar la efectividad de la meditación, debe llevarla a cabo en el mejor ambiente. El mejor lugar para realizar la meditación es un área serena y no contaminada. Respire hondo y exhale de manera premeditada. Concéntrese en eliminar el ruido en su mente y aumentar su autoconciencia.

Lidiar con sus problemas sin resolver

Si tiene algún problema sin resolver, hágase cargo de ello. Puede aprender sobre sus problemas no resueltos a través de la introspección. Al resolver todos sus problemas, elimina posibles obstáculos emocionales. Los vampiros energéticos utilizan la táctica de los ataques sorpresa. Sin embargo, cuando resuelve todos sus problemas o al menos toma nota mental de resolverlos, se volverá firme y será menos susceptible a ser atacado por vampiros energéticos. Sus problemas no resueltos pueden afectar a sus amigos, familiares e incluso a sus compañeros de trabajo.

Mantenerse alejado de las drogas

El abuso de drogas es uno de los obstáculos de ser una persona empática. En las primeras etapas, una persona empática no tendrá conocimiento de su capacidad para absorber las energías de otras personas. Entonces, terminan confundiendo la negatividad de otras personas con la propia. Se sienten en conflicto porque no pueden explicar la naturaleza volátil de sus emociones. Por lo tanto, recurren al alcohol para reprimir su dolor, pero el alcohol solo empeora el problema. El alcohol puede parecer una solución, considerando que les hace olvidar sus problemas, pero solo de manera momentánea. Las energías de otras personas seguirán regresando, más fuertes que nunca, y se necesitará más alcohol para suprimir esas emociones. Se convierte en una pequeña trampa. No abuse de las drogas pensando que le ayudarán a ahuyentar sus intensas emociones. El alcohol no le ayudará a resolverlo, pero aún peor es el hecho de que adquirirá más desafíos para superar, es decir, la adicción.

Mantenerse ocupado

Para evitar ser atacados por vampiros energéticos, asegúrese de mantenerse ocupado. Puede lograrlo al enfocarse en perseguir sus sueños. En realidad, cuanto más tiempo pase persiguiendo sus sueños, menos posibilidades tendrán los vampiros de atacar. Sin embargo, cuanto más tiempo pierda haciendo actividades inútiles o persiguiendo cosas vanas, más posibilidades tienen de atacar. Mantenerse firme en su propósito no significa que ya no será atacado por los vampiros energéticos, pero se mantendrán alejados de su radar. Recuerde: un vampiro energético puede ser cualquier persona, incluso su compañero de trabajo.

Mantenerse firme

Una persona firme tiene un sentido de dirección. Reconocen lo que quieren y persiguen activamente sus metas. Una persona que no tenga los pies en la tierra es indecisa y no tiene dirección. Son muy susceptibles a los trucos de los vampiros energéticos. Por ejemplo, si un vampiro energético en la forma de un hombre mayor se acerca a una joven indecisa y le promete la luna a cambio de favores sexuales, la joven podría ceder. Esto se deriva de no saber lo que espera de la vida y entonces persigue cosas vanas.

Dejar ir la necesidad de ser aceptado

La mayoría de las personas empáticas se encuentran atrapadas en un ciclo de negatividad debido a su intensa necesidad de encajar y sentirse aceptadas. Debe comprender que usted es muy diferente de la mayoría de las personas. Es bueno encajar y encontrar un círculo social que le brinde un sentido de pertenencia, por lo contrario, si no encuentra personas que le comprendan, está bien sobresalir. Si no cumple con los estándares sociales, use su estatus como una insignia de honor, en lugar de avergonzarse. Esto hará que las personas se inclinen hacia usted y decidan aceptarle, independientemente de sus cualidades diferentes.

Aprender a ser asertivo

Uno de los mejores consejos para dejar de absorber las energías de otras personas es decir lo que piensa. No tenga miedo de que las personas le consideren insoportable. Si reprime sus emociones, absorberá no solo la energía de otras personas, sino que también se resentirá. Ser asertivo tiene que ver con expresar sus necesidades y también respetar las necesidades de otras personas.

Protegerse a sí mismo

Algunos sanadores atienden el problema de desterrar a los vampiros energéticos. Algunos de ellos utilizan mezclas, y otros fomentan el uso de escudos de energía. Al protegerse a través de un escudo energético, debe visualizar una luz rodeando su cuerpo para que su energía no salga de usted ni tampoco deje entrar las energías de otras personas. La luz forma una capa protectora a su alrededor.

Capítulo 12: Estrategias de Afrontamiento para Personas Altamente Sensibles

Las siguientes son algunas estrategias que las personas altamente sensibles pueden utilizar para hacer frente a sus dificultades:

Crear una rutina

Como persona empática, es propenso a desviarse de sus planes porque siente diferentes emociones dependiendo de dónde esté o de qué hora sea. Una de las formas en que puede lidiar con este problema es creando una rutina. Planifique una rutina que le informe de cada una de sus actividades. Por ejemplo, tener una rutina nocturna y matutina. De esta manera, no tendrá problemas para averiguar qué hacer durante la noche o la mañana. Su rutina debe ser flexible y dar espacio para todas las actividades que son importantes para su nutrición física y espiritual. Al establecer una rutina, los vampiros energéticos tendrán menos oportunidades de irrumpir en su vida y tratar de tomar ventaja en ella.

Sueño adecuado

Dormir adecuadamente no solo es excelente para mantener alejados a los vampiros energéticos, sino que también mejora la calidad de vida. Los científicos afirman que debemos dormir por lo menos seis horas todos los días para que nuestro cuerpo funcione de manera normal. Si duerme lo suficiente, se sentirá estable. Sin embargo, si no duerme lo suficiente, puede sentir nerviosismo y no estará en condiciones de tomar las decisiones correctas. El sueño ayuda a fortalecer las células de su cuerpo. Cuanto más duerma, se fortalecerá su cuerpo físico y mental, y le ayudará a combatir los ataques de los vampiros energéticos.

Mejorar su autoestima

Si su autoestima es baja, los vampiros energéticos serán atraídos hacia usted como si estuvieran magnetizados. Los vampiros energéticos pueden detectar la baja autoestima. Sus modales y su forma de hablar son un regalo para el nivel de su autoestima. Aprenda a mostrar gestos y lenguaje corporal firmes para que pueda enviar el mensaje de que su autoestima es alta y no tiene miedo de defender sus derechos. Cuando mejore su autoestima, no solo se protegerá de los vampiros energéticos, sino que también aumentará la calidad de su vida en general.

Recibir un masaje

Absorber las emociones de otras personas nunca es algo agradable. De hecho, cuando una persona empática absorbe demasiada energía del mundo exterior, puede provocar una fusión. Puede calmar sus poderosas emociones al recibir un masaje. Al albergar todas esas emociones, también puede resultar en partes del cuerpo obstruidas. Se necesitaría un masaje para eliminar la obstrucción y restaurar el cuerpo a su estado de funcionamiento adecuado. Los masajes también ayudan a despejar el ruido de su mente. Brindan una sensación de calma y ayudan a tener claridad en su pensamiento. Tener una mente fuerte es fundamental en la lucha contra los vampiros energéticos.

Escuchar buena música

Otra excelente manera de reducir el efecto abrumador de las emociones que alberga en su interior es a través de la música. La música ayuda a reducir las malas emociones y promueve una mente sana. Sin embargo, debe tener precaución con la elección de la música. La música mezclada con letras negativas le afectará negativamente. Pero la música que promueve la positividad le hará sentir positivo. De hecho, es recomendable escuchar música durante los momentos en que se sienta abrumado por las emociones de los demás e incluso en los momentos en que se siente bien. Escuchar música también le ayudará a mantenerse enfocado en las cosas que realmente importan.

Tener un tiempo a solas

Las personas empáticas deben alejarse de la multitud, para no sufrir pérdidas de energía. No hay nada malo en tener un tiempo para sí mismo. La sociedad podría decirle que no es correcto quedarse solo, pero una persona empática debe alejarse de las personas para renovar su energía. Pasar tiempo a solas no solo le ayudará a recargar sus niveles de energía, sino que también le dará tiempo para reflexionar sobre su vida. Al obtener el hábito de apartarse para hacer un balance en su vida, le inspira a tomar medidas que le ayudarán a convertirse en una mejor persona. Usted está en una posición sensible para notar los vacíos que deben ser cerrados, y también aumenta su creatividad.

Mejorar su alimentación

Diversos estudios han demostrado que existe una relación directa entre los alimentos que consumimos y nuestro estado de ánimo. Si consumimos alimentos poco saludables, es probable que proyectemos negatividad, y si consumimos alimentos saludables, es probable que nos sintamos positivos. Los alimentos poco saludables promueven el aumento de peso y hacen que tengamos problemas con la imagen corporal, mientras que los alimentos saludables nos ayudan a lograr cuerpos sanos y, por lo tanto, aumentan nuestra confianza. Es recomendable enfocarse en tener una dieta saludable para que su mente pueda tener suficientes recursos para combatir la negatividad y protegerle de los ataques de los vampiros energéticos.

Tomar un descanso

Ningún otro grupo de personas entiende la importancia de tomarse un descanso mejor que los comediantes. Tomar un descanso no es lo mismo que renunciar a sus sueños. Es solo una admisión de que está a punto de quedarse sin energía (o recursos) y necesita tomarse un tiempo libre para poder renovarse. Cualquiera que sea su trabajo, puede beneficiarse de tomar un descanso. Esto le ayudará a descargar toda la carga emocional en su interior y a mirar la vida con una nueva perspectiva. Por ejemplo, si trabaja en el sector médico, puede ser agotador ser testigo de las personas enfermas durante mucho tiempo. Las emociones se acumulan en su mente y puede recordar el aspecto de agonía en las caras de los pacientes. Cuando se toma un descanso, puede deshacerse de esas emociones para empezar de cero cuando regrese al trabajo.

Practicar la concentración

Es importante comprender que lo que importa más que cualquier otra cosa es la vida que tiene actualmente. Sí, el futuro importa, pero el presente importa aún más. Aprenda a llevar sus sentidos al presente y disfrutar cada momento. Al enfocarse en el presente, se olvida de las ansiedades y preocupaciones del futuro.

Capítulo 13: Elementos que Requieren las Personas Altamente Sensibles

Las siguientes son algunos elementos que las personas altamente sensibles requieren para llevar una mejor calidad de vida:

Relaciones significativas

Es cierto que nadie es una isla. Una persona empática necesitará un compañero para sentirse completo. Sin embargo, no existe un grupo vasto de personas que atraigan a una persona empática. Esto no significa que tengan estándares demasiado altos. Solo pueden llevarse bien con personas que tienen ciertos rasgos y estén dispuestos a aceptarlos tal como son. Lamentablemente, la persona promedio es orgullosa e inflexible. Es difícil hacer de ella el tipo de persona que apreciaría a una persona empática. Encontrar a un compañero con el que pueden formar una relación significativa es un gran avance.

Espacio de descomprensión

Cuando una persona empática está en un lugar ruidoso o sometido a una actividad de alta presión, como una entrevista de trabajo, no puede esperar para refugiarse en una habitación tranquila y encerrarse. En el ámbito del hogar, debe existir un espacio en el que puedan retirarse cada vez que necesiten aumentar sus niveles de energía. Si no cuenta con recursos para crear ese espacio, podría retirarse y pasar tiempo en contacto con la naturaleza. Las personas empáticas tienen una conexión profunda con la naturaleza.

Habilidades de manejo de conflictos

Las personas empáticas tienen un lado muy sensible que hace que les resulte difícil enfrentarse a otra persona. Su naturaleza sensible los disuade de expresar sus necesidades o defender sus derechos. Por lo tanto, durante un conflicto, es probable que tengan complicaciones. Las personas empáticas necesitan desarrollar habilidades de manejo de conflictos para que otras personas no se aprovechen de ellos. El manejo de conflictos tiene que ver con desarrollar el nivel de comunicación correcto y conocer lo que quiere expresar. Por ejemplo, si está sentado en un restaurante, y luego un borracho se desvía del camino y choca su automóvil contra el restaurante, la persona empática no debería tener reparos en pedirle al borracho que se ocupe de los gastos de reparación. Si no maneja bien este conflicto, el borracho podría escapar sin tener que asumir la responsabilidad.

Tiempo suficiente

A las personas empáticas les gusta tomarse mucho tiempo para completar una tarea. No son del tipo que realiza actividades bajo presión. Tienden a tener una racha de perfeccionismo que exige que reduzcan la velocidad para asegurarse de que todo ha encajado. Al apresurarles, no estarán en posición de entregar resultados de alta calidad, e incluso pueden abandonar lo que estén haciendo. El truco es otorgarles poder. Hacerles saber que pueden tomarse el tiempo que deseen siempre que los resultados sean los esperados.

Alimentación saludable

La comida juega un papel importante en la calidad de nuestra vida. Si consumimos alimentos poco saludables, nuestra calidad de vida se deteriora, pero si consumimos alimentos saludables, nuestra calidad de vida se vuelve satisfactoria. Una persona empática debe asegurarse de seguir una dieta equilibrada. Una dieta balanceada consiste no solo de vitaminas y minerales importantes, sino también de frutas y verduras frescas. Es importante eliminar la comida chatarra, ya que los haría susceptibles a los ataques de los vampiros energéticos. El consumir este tipo de comida suprime sus poderes mentales, y se vuelve objetivo fácil para atraer a un vampiro energético que absorba su energía.

Minimalismo

Una persona empática no es necesariamente atraída por objetos brillantes. Aman las cosas simples pero elegantes. Requieren desarrollarse en un entorno minimalista. Un espacio minimalista es lo opuesto a la opulencia. Pueden tener los recursos para adquirir lujos sin medida, pero seguirán optando por los diseños minimalistas porque aprecian la simplicidad. Por ejemplo, una persona empática agradecería residir en una casa que esté equipada con lo básico y que no tenga excesos. Así mismo, tienden a atribuir valor sentimental a diversos objetos. Por ejemplo, una prenda de ropa o muebles que les recordarán a una persona especial, y ese objeto tendrá más valor para una persona empática de lo que puede comprar el dinero.

Personas consideradas

A la persona promedio le costaría entender a una persona empática, pero eso no significa que no pueda hacerlo. Es decir, nos encontramos con alguien que dice que puede absorber la energía de quienes interactúan con ellos. ¿Por dónde empezamos? Para la persona promedio, ese tipo de situación necesita un poco más de explicación. Las personas empáticas no tienen problemas para explicar sus habilidades únicas. Sin embargo, en el mismo contexto, las personas a su alrededor deben ser más comprensivas. Deben intentar llevarse bien con las personas empáticas sin imponerles reglas. Les hará sentir amados y apreciados, independientemente de sus extraordinarias capacidades.

Sentido

La vida de una persona empática debe tener un significado para que sientan que están al servicio de la humanidad. No importa cuánto dinero tengan en su cuenta bancaria. El hecho de que su vida no avance por el camino que habían imaginado, o que sientan que no pueden lograr sus objetivos, representa una fuente de inmenso dolor. Las personas empáticas necesitan identificar su camino y apegarse a él.

Estimulación sensorial

Como todos, las personas empáticas disfrutan los momentos divertidos y felices. Es muy gratificante recibir un relajante masaje, ver una película e involucrarse en actividades divertidas. A las personas empáticas les encanta ser estimuladas con felicidad. Renueva su mente y les ayuda a apreciar el lado divertido de la vida.

Amigos

No basta con encontrar personas que simplemente le comprendan; necesita rodearse de personas que sean su alma gemela. Las personas empáticas disfrutan de conocer a otros y formar amistades cercanas para que puedan ayudarse mutuamente. Los amigos le ayudarán a estabilizarse, elevar su espíritu y mantenerse enfocado mientras persigue sus objetivos.

Capítulo 14: Cómo Lidiar con Personas Difíciles Siendo una Persona Altamente Sensible

Como persona altamente sensible, muchas veces entrará en contacto con personas con las que es difícil tratar. Los siguientes son algunos consejos sobre cómo tratar a este tipo de personas:

Conservar la calma

Puede ser muy tentador atacar al enfrentarse con alguien que no está siendo razonable. Pero no ceda a esa tentación. En el momento en que explota, pierde su poder y esto provoca que el agresor se sienta importante. Debe mantener la calma para que pueda controlar la conversación. Por ejemplo, si resulta difícil trabajar con un cliente, no le grite; en cambio, conserve la calma y busque una solución. Gritarle a la gente solo les provocará mientras luchan por sus egos. Se necesita un alto nivel de madurez para conservar la calma cuando alguien está provocando una pelea. Sin embargo, en tales casos, debe desviar sus esfuerzos y, si es posible, pedir la intervención de una mayor influencia. Los agresores tienden a confundirse cuando sus trucos no parecen provocar la reacción que pretendían.

Ocuparse de sus asuntos

No es posible salvar al mundo. Algunas personas son intencionalmente complicadas como si quisieran averiguar quiénes son los más afectados por sus acciones. Si percibe a alguien que tiene la tendencia de querer poner a prueba la paciencia de otras personas, no debe darles la satisfacción de caer en su trampa. Mire hacia otro lado y continúe ocupándose de sus asuntos. Al darse cuenta de que no tiene ningún interés en sus juegos, dejarán de actuar. Siempre ocúpese de sus asuntos para no buscar problemas.

Establecer límites

Los límites son pautas que usted deberá establecer para otras personas y que expresan la forma permisible en que pueden comportarse con usted y cómo reaccionará si se cruzan dichos límites. Por ejemplo, si experimenta tensión en el trabajo, puede decirle a sus compañeros que apreciará que no le molesten una vez que comience a trabajar. Cuando se retire a su escritorio, deben mantenerse alejados y esperar a contactarle una vez que esté libre. Tener límites le ayudará a controlar cómo otras personas se comportarán con usted. Debe especificar términos claros con respecto a sus límites, y si alguien los cruza, asegúrese de imponer un castigo.

Aprender a observar el panorama

A veces estamos tan involucrados en nuestros propios intereses que olvidamos observar el panorama general. Esta actitud tiende a promover el conflicto en lugar de eliminarlo. Por ejemplo, si considera que sus padres no están siendo razonables, puede crear un conflicto. Por mucho que piense que sus padres solo quieren hacer que su vida sea complicada, piense en lo que ellos quieren para su futuro. Si sus planes son grandes, es fácil apreciar lo que están haciendo por usted en este momento.

Elegir sabiamente sus batallas

Necesita elegir sus batallas sabiamente. Existen algunas batallas en las que no tiene posibilidades de ganar; es consciente de ello. Por ejemplo, si trabaja para un jefe complicado, puede ser muy tentador tratar de luchar contra él. Pero considere el poder que ejerce su jefe. Puede despedirle del trabajo. Y entonces no tiene dónde luchar. Siempre elija las batallas que sabe que tiene posibilidades de ganar. Esto le ahorrará mucha frustración y también aumentará su racha ganadora.

Separar a la persona del problema

Es fácil caer en la trampa de pensar que otra persona le guarda rencor a usted. Sin embargo, al tomar las cosas de manera personal, pierde la capacidad de ser objetivo. Aprenda a separar el problema de la persona. Esto le permitirá tener una nueva perspectiva sobre sus asuntos. Cuando toma las cosas personalmente, no puede progresar, ya que solo estará interesado en vengarse. Ser objetivo es crítico. Le ayudará a articular el problema que tiene con otra persona y buscar la mejor forma de cómo resolverlo.

Tener sentido del humor

El secreto para superar los obstáculos es tomarlos con sentido del humor. Por ejemplo, si su compañero de vida toma una decisión que hiere sus sentimientos, no retroceda ni empiece a calcular cómo hacerle daño. En su lugar, comuníquese con sentido del humor y vea el lado divertido de lo que su pareja ha hecho. Tener sentido del humor le ayudará a superar los desafíos de la vida al aumentar su creatividad. Le permitirá tener una nueva perspectiva sobre sus circunstancias.

Pedir ayuda

¿Qué haría si un hombre que pesa 136 kilogramos le hiciera daño? Obviamente, no intentaría contraatacar si usted está débil físicamente. Pero podría presentar cargos contra esa persona. Existen sistemas y personas en su lugar para ayudarle a ponerse a la altura de las personas que le han perjudicado. Utilice estos sistemas en lugar de tomar los asuntos en sus propias manos. Si su compañero de vida le ha hecho daño, no hay necesidad de volverse violento; solo tiene que informar a las autoridades pertinentes. Al encontrarse con alguien que no sea razonable, en lugar de sufrir, busque a alguien que pueda ayudarle.

Obtener experiencia

Existen dos formas de ver sus problemas: como un castigo o como una experiencia de aprendizaje. Si considera que su problema es un castigo, tiene una mentalidad de víctima y no será capaz de convertirse en una mejor persona. Sin embargo, si ve su problema como una oportunidad para aprender, tendrá experiencia en detectar patrones que pueden causar problemas con los demás. Cuanta más experiencia tenga en el manejo de diferentes tipos de personas, menos problemas tendrá teniendo en cuenta que sabe cómo manejarlos. Cuando se encuentre en una situación difícil, y alguien le haga pasar por un momento complicado, intente aprender de su comportamiento.

Capítulo 15: Consejos de Salud para Personas Altamente Sensibles

Una persona altamente sensible es propensa a adquirir diversas enfermedades, especialmente las que afectan el sistema nervioso. Siempre que se sienta mal, es recomendable buscar atención médica. Los siguientes son algunos consejos para asegurarse de tener una salud plena:

Dieta balanceada

Los beneficios de una dieta equilibrada son innumerables. Si incorpora en su dieta alimentos que suministren todos los elementos vitales, su cuerpo estará saludable. Su cerebro se volverá poderoso gracias a que sus células cerebrales estarán fortalecidas, su sistema digestivo funcionará de manera óptima y su piel adquirirá un brillo saludable. Una dieta saludable también refuerza el sistema inmunológico. Por lo tanto, las enfermedades y las infecciones se mantendrán alejadas. Si desea disfrutar de los beneficios de una dieta balanceada, debe incluirla como parte de su estilo de vida en lugar de practicar durante un tiempo y luego abandonarla. Notará que comer alimentos saludables lo alentará a preparar comidas en casa en lugar de comer afuera, y este hábito le ahorrará dinero.

Comer regularmente

Así como es importante seguir una dieta balanceada, es igual de importante comer regularmente. Uno de los errores que cometen las personas es consumir una gran cantidad de alimentos de una sola vez. Esto causa una sobrecarga en sus intestinos y retrasa las actividades fisiológicas de su cuerpo. Sin embargo, si distribuye sus comidas, obtendrá lo mejor de ambos. Cumplirá con la necesidad de su cuerpo de un suministro constante de energía. Espaciar sus comidas también le alienta a tener suficiente comida. No deberá comer en exceso y tampoco comer poco.

Mantenerse hidratado

Mantenerse hidratado es otro excelente consejo para optimizar su salud. El agua le ayudará a aumentar tanto sus niveles de energía como su función cerebral. Cuanto más hidratado esté, mayor será su capacidad para funcionar físicamente. El agua es fundamental para aliviar las complicaciones relacionadas con el sistema digestivo. Debe asegurarse de consumir suficiente agua todos los días para protegerse contra las infecciones, fortalecer las actividades fisiológicas de su cuerpo y aumentar el rendimiento de las células. De acuerdo con las recomendaciones, es importante beber varios vasos de agua pura todos los días, así como atender su sed tan pronto como comience.

Utilizar su grupo de apoyo

La importancia de los amigos no puede ser sobrestimada. Muchas veces, pasará por experiencias que le desmoralizarán, pero si tiene amigos con quienes compartir esas experiencias, aumentará sus probabilidades de salir intacto. Los amigos tienen un rol importante para nuestra salud mental. Además, tienen un papel vital en la mejora de nuestro estado. Si pierde su trabajo, puede contar con el apoyo de sus amigos para poder conseguir otro trabajo. Sin embargo, si no tiene un grupo de apoyo, se expone a muchos ataques.

Idealmente, su grupo de apoyo debería ser gente con la que tenga algo en común. Por ejemplo, una pasión por la economía, los deportes o la religión.

Levantarse temprano

Cuanto antes se despierte, más energía tendrá para enfrentar el día, pero si duerme hasta tarde, se despertará sintiéndose desmotivado. Es recomendable levantarse temprano para tener suficiente tiempo para prepararse para el día. Los estudios muestran que quienes se levantan temprano tienen una mayor determinación y una mayor capacidad mental. Así mismo, es más sencillo comenzar su trabajo y desarrollar su potencial. Es importante adquirir este hábito para que pueda aumentar sus niveles de energía y eliminar la pereza. Será capaz de tomar mejores decisiones al no dejarse llevar por la pereza.

Desintoxicación

La desintoxicación es simplemente el proceso de eliminar toxinas de su cuerpo. Se lleva a cabo purificando la sangre en el hígado. Es importante purificar la sangre para que las células del cuerpo puedan funcionar al nivel óptimo. Los beneficios de una desintoxicación son numerosos. Por ejemplo, ayuda a promover que el sistema digestivo sea más eficiente, ayuda a aliviar el estreñimiento, aumenta la capacidad del cuerpo para absorber nutrientes, aumenta los niveles de energía, mejora la fertilidad, reduce el riesgo de cáncer de colon y promueve la pérdida de peso.

Revisiones de salud

Las personas empáticas tienden a preocuparse por demasiadas cosas. Al estornudar, pueden preocuparse por haber contraído una enfermedad grave. Deben adquirir el hábito de realizar revisiones de salud para asegurarse de que su cuerpo está en perfectas condiciones. Si tiene estas revisiones de manera regular, le permitirá detectar un problema lo suficientemente temprano antes de que se convierta en una complicación peligrosa. Los chequeos de salud le ayudarán a ahorrar dinero a largo plazo al estar en condiciones de deshacerse de una enfermedad en una etapa temprana antes de que abrume a todo su cuerpo.

Ejercitarse

Al adquirir el hábito de hacer ejercicio de manera regular, aumenta sus niveles de energía y fortalece su inmunidad. Su cuerpo estará en excelentes condiciones para combatir las infecciones y garantizar una salud óptima. Los estudios muestran que las personas que hacen ejercicio con regularidad son mucho más felices que las personas que no hacen ejercicio en absoluto. El ejercicio también le ayudará a perder peso al quemar la grasa acumulada en su cuerpo. Ejercitarse también ayuda a mejorar la función cerebral. Además, mejora su capacidad para conciliar el sueño. Para obtener todos los beneficios del ejercicio, es recomendable crear un programa adecuado, tener las herramientas necesarias y trabajar con un instructor.

Respiración profunda

Un consejo para manejar las emociones abrumadoras es a través de la respiración profunda. Es una forma de renovar y mejorar su salud al mismo tiempo. Por un lado, la respiración profunda le ayudará a aliviar el estrés y la ansiedad al calmar el ruido en su mente. Si es perezoso, puede elevar sus niveles de energía al respirar profundamente. La respiración profunda también promueve la salud del corazón. Además, le ayudará a deshacerse de las impurezas adheridas a sus pulmones. Existen diversas maneras de realizar ejercicios de respiración profunda, pero lo más importante es encontrar un ambiente sereno para llevarlas a cabo.

Capítulo 16: Cómo Evitar las Adicciones como Persona Empática

Las personas empáticas son muy susceptibles al abuso de las drogas. Tener la capacidad de absorber las energías de otras personas puede ser desorientador. Pueden recurrir a las drogas como una forma de escapar de su realidad. Sin embargo, las drogas no ofrecen libertad. Siempre es mejor buscar formas positivas de hacer frente a su adicción, en lugar de consumir drogas. Los siguientes son algunos consejos para ayudarle a evitar una adicción:

Establecer metas y perseguirlas

Si está enfocado en establecer y perseguir sus objetivos, no tendrá tiempo para dedicarse al abuso de drogas. Establecer metas indica que usted es una persona ambiciosa y que desea alcanzar el éxito. Se necesita disciplina y sacrificios para alcanzar sus metas. Si está realmente comprometido con sus objetivos, tendrá poco tiempo libre para relajarse, y mucho menos para disfrutar del consumo de drogas. Perseguir sus metas le hará convertirse en una persona enfocada. También le hará menos disponible para las personas que lo influenciarán para que se deje llevar por el uso de drogas. Esta búsqueda requiere un fuerte sentido de confianza en sí mismo y coraje.

Formar un grupo de apoyo

Una persona empática está expuesta a diversos problemas inesperados. Consumir drogas puede parecer inofensivo al principio, pero una vez que comienza, es difícil escapar. Para evitar ceder a la tentación de las drogas, las personas empáticas pueden recurrir a grupos de apoyo. Un grupo de apoyo está formado por miembros que comparten un interés común. Cuando cada uno se apoya en el otro, se disminuyen las posibilidades de que alguien se desvíe. Un grupo de apoyo proporciona un refugio seguro para quienes han consumido drogas. El grupo les apoyará en su lucha contra la adicción y les ayudará a salir adelante.

Liberar energías acumuladas

Si ha absorbido las energías de otras personas, es fundamental deshacerse de ellas, para que no le impidan llevar una vida normal. La mayoría de las veces, las energías acumuladas son emociones negativas y hacen que su salud se deteriore. Antes de liberar las energías acumuladas, debe ser introspectivo para poder identificar las emociones exactas que ha reprimido. Una vez que haya descubierto las energías que ha reprimido, será más fácil deshacerse de ellas.

Evitar relacionarse con consumidores de drogas

Evite relacionarse con drogadictos para que no le afecten sus comportamientos indeseables. Como persona empática, es más susceptible de adquirir los hábitos de otra persona, por lo que es recomendable limitar sus interacciones con personas que tienen cualidades negativas. Sin embargo, esto no equivale a convertirse en una persona aislada y rechazar a otros. Debe asegurarse de no permanecer cerca de un drogadicto durante demasiado tiempo para evitar adquirir sus hábitos. Esta habilidad requiere fuerza de voluntad de su parte.

Ser aventurero

Mantener una adicción puede ser muy costoso, especialmente si consume drogas fuertes. Piense en todas las cosas en las que hubiera podido gastar su dinero en lugar de las drogas. Siempre que se sienta abrumado e intente probar drogas, recuerde que puede canalizar su dinero en una aventura. Por ejemplo, puede embarcarse en viajes largos. Simplemente tomar el autobús y viajar a otro lugar. Viajar tiene un efecto terapéutico porque le ayuda a alejarse del entorno en el que fue lastimado. Además, viajar le permite explorar el mundo y entrar en contacto con personas de diversos orígenes.

Tomarse un descanso

Es probable que una persona empática recurra a las drogas al sufrir un colapso. En lugar de soportar el dolor hasta su punto de ruptura, aprenda a descansar brevemente. Los descansos le permitirán renovar su energía. Sin embargo, si no toma descansos, la presión será excesiva y es posible que se esté involucrando con las drogas como una estrategia de afrontamiento. Al tomar un descanso, utilice ese tiempo para hacer un balance de su vida. Como persona empática, necesita ser extremadamente consciente de sí mismo para poder diferenciar sus energías de las de otras personas.

Aprender a decir NO

Una persona empática es un alma sensible que no desea decepcionar a nadie. Pero debe entender que no puede complacer a todos. Y al volverse pasivo, las personas pueden tomar ventaja. Entonces, cuando alguien trata de convencerlo para probar drogas, no debe tener reparos en decir un NO rotundo y enfático. Esto no hará que le odien o le falten al respeto; al contrario. La gente le respetará por su capacidad de defender sus creencias. Sin embargo, para sentirse seguro de sí mismo diciendo NO, es necesario practicar. Evite decir NO solo una vez para luego olvidarlo.

Voluntariado en un centro de adicciones

Probablemente no comprende cómo la adicción puede arruinar su vida hasta tener un encuentro cercano con las víctimas de la adicción. En lugar de consumir drogas, ¿por qué no intenta ser voluntario en un centro de adicción? De esta manera puede obtener un panorama de cómo la adicción a las drogas puede devastar la vida de las personas. Si logra aprender de los errores de otras personas, ser testigo de la experiencia de los adictos a las drogas le ayudaría a que nunca las probara. Para una persona empática, ser voluntario satisfaría su intenso deseo de ser altruista y de realizar una contribución positiva a la sociedad.

Buscar ayuda profesional

Nunca subestime la eficiencia del personal capacitado. Si está luchando con pensamientos obsesivos y está a punto de comenzar a usar drogas, tenga el valor de buscar un consejero. Con la ayuda de un profesional, obtendrá información sobre su comportamiento y los peligros a los que se expone al incurrir en el uso de drogas. Un consejero profesional le ayudará a comprender su condición aún más profundamente. Busque un consejero que tenga experiencia en el manejo de personas empáticas que luchan contra la adicción. Si coopera con ellos, no solo se librará de su problema, sino que también se convertirá en una mejor persona.

Capítulo 17: Maneras en que los Empáticos Aman de Forma Diferente

Enamorarse es una experiencia sensacional si tiene una pareja increíble. Las personas empáticas son los mejores compañeros porque son amantes muy apasionados. Las siguientes son algunas formas en que las personas empáticas aman de manera diferente:

Son honestos

Una relación promedio se rompe debido a la deshonestidad. Ya sea que uno de los dos o ambos oculten cosas el uno al otro, y esto causa una gran tensión en la relación. Cuando existe deshonestidad en una relación, es difícil avanzar porque la pareja no está en el mismo camino. Sin embargo, una persona empática es demasiado honesta. No tienen nada que ocultar. Les encanta expresarse claramente y agradecerían la misma honestidad. Estar en una relación con una persona empática significa que no tendrá que frustrarse sobre una determinada situación porque serán siempre francos con usted.

Son generosos

Los empáticos son donadores natos. Son almas antiguas que han tenido muchas vidas, y se les ha enseñado el valor de dar. Cuando una persona empática está en una relación, tiende a compartir sus recursos con su pareja de manera imparcial. La parte buena de su generosidad es que no hay ataduras. Ellos dan por el bien de dar. Cuando una persona promedio da, espera también algo a cambio, y esto puede generar conflictos en la relación. Quizás lo más importante que las personas empáticas exijan a sus parejas es el respeto. Si falta respeto, lo más probable es que dejen de dar y cuiden su corazón roto.

Su amor es intenso

No existe un amante más apasionado que una persona empática. Abren su alma por completo a su pareja. Puede ser bastante difícil para una persona empática enamorarse, pero una vez que lo hacen, son amantes apasionados. A las personas empáticas les gusta sentir la sensación de estar verdaderamente enamorados. Y parecen creer en el amor verdadero. Desean que una relación funcione, y les rompe el corazón cuando su pareja no muestra el mismo entusiasmo. Debido a su propensión de amar profundamente, se someten a un alto riesgo de sufrir. Si la relación terminara, se derrumbarían por completo.

Le darán espacio

Cuando una persona acapara todo el espacio, la relación puede volverse aburrida. Cada persona debe tomar descansos frecuentes para renovar su atracción mutua y tomarse el tiempo para construirse. Una persona empática a menudo se retirará a la soledad para eliminar las diversas energías que han absorbido de otras personas. Su necesidad de soledad también libera a su pareja. Al estar en una relación con una persona empática, obtiene lo mejor de ambas partes: tiempo y espacio de calidad. Además, detectará cuando no está de buen humor y le dejará solo para que pueda recuperarse.

No proyectan su dolor en su pareja

¿Qué sucede en una relación promedio cuando alguien sufre una crisis? El otro está sujeto a una inmensa tortura mental y emocional. La persona que sufre tiene razones válidas para ser indiferente, pero aun así, no es una razón suficiente para hacer sufrir a su pareja con ellos. Cuando una persona empática atraviesa un momento difícil, tiende a distanciarse de su pareja para que no pueda proyectar su dolor sobre ella. Esto es una cosa increíblemente considerada. Cuando la persona promedio está sufriendo por cosas personales, somete al resto del mundo a un trato terrible y asume que no hay problema en hacer eso. Aunque las personas empáticas eligen sufrir solos, sus compañeros no deben ignorarles, sino aprovechar la oportunidad para ofrecer su apoyo.

Están en sintonía con los sentimientos de su pareja

Cuando alguien está en una relación con una persona empática, les conocerá demasiado bien. Tienen una profunda comprensión de los sentimientos de su pareja. Es casi como si le hubiera conocido durante toda la vida. Una persona empática sabrá lo que su pareja está sintiendo con solo mirar su cara. Tienen una habilidad innata para detectar los sentimientos de las personas. Esta capacidad les permite dar respuestas apropiadas con respecto a los sentimientos de sus parejas. Por ejemplo, si su pareja está triste, le consolará o le dará espacio. Y si su compañero está emocionado, disfrutarán de su estado de ánimo.

Son leales

Las personas empáticas no se enamoran fácilmente. Prefieren tomarse su tiempo. Reconocen que son amantes intensos y quieren estar seguros de que están tomando la decisión correcta. Sin embargo, una vez que se enamoran, solo tienen ojos para su pareja. No pueden jugar con sus sentimientos enamorándose de otras personas. De igual manera esperan que el favor sea devuelto. Desean que su pareja esté igual de comprometida con ellos. Sin embargo, cuando esto no sucede, y descubren que su pareja está saliendo con otras personas, les causa un dolor inmenso. Además del respeto, otra cosa importante que requieren en una relación es la lealtad.

Son intuitivos

Las personas empáticas tienen una intuición muy avanzada. Pueden leer cualquier situación a través de sus corazones. Esta habilidad les brinda una gran capacidad a la hora de tomar decisiones importantes en la vida. Esto les permite hacer juicios precisos. Sus capacidades intuitivas se pueden utilizar en casi todos los aspectos de la vida: social, económica e incluso política. La intuición es una gran herramienta que le ayuda a crear un camino que conduce a la fortuna y no a la destrucción.

Son pacifistas

Un pacifista es una persona que está interesado en hacer la paz cuando hay conflictos. Cuando la persona promedio encuentra problemas en su relación, generalmente no está dispuesta a ceder por el bien de la relación. Está confiada en proteger su ego, y eso le hace indiferentes. Una persona empática, por otro lado, buscar hacer la paz. No tiene problema de hacer compromisos por el bien de la relación.

Capítulo 18: ¿Por Qué es Complicado para las Personas Empáticas Involucrarse en Relaciones Serias?

Al igual que todos, las personas empáticas desean tener una relación estable. Sin embargo, les resulta difícil entablar relaciones serias. Las siguientes son algunas de las razones por las cuales tienen dificultades para entablar relaciones:

Pocas habilidades de socialización

Las personas empáticas carecen de talento cuando se trata de socializar. Son increíblemente sensibles a lo que dice la gente y pueden sentirse ofendidas con palabras o acciones que no estaban destinadas a lastimarles. Para ellas, relacionarse con otras personas es una tarea complicada, y esto afecta su capacidad para conectar con personas que potencialmente pueden convertirse en otras personas importantes. A veces no son conscientes de las pautas sociales. Lo anterior envía un mensaje conflictivo y puede hacer que la gente desconfíe de ellas. La razón por la cual poseen habilidades de socialización deficientes se debe principalmente a su educación. Si hubieran empezado a socializarse desde una edad más temprana, habrían adquirido esas habilidades y se habrían vuelto expertas en ello. Pero como las personas empáticas no son buenas para socializarse, esto dificulta la posibilidad de conocer a una persona para tener una relación comprometida.

Interiorizar los problemas de su pareja

Una persona empática es sensible a los sentimientos de su pareja. Si su pareja está pasando por alguna dificultad, compartirá su dolor. La mayoría de las personas encuentran esta habilidad anormal en una pareja. En realidad, algunas personas lo considerarían una molestia. A una persona empática le rompe el corazón saber que su preocupación no es bienvenida. Su pareja dejará de tomarle en serio porque cree que es un poco dependiente. Lamentablemente, la capacidad de sentir el dolor de su pareja no es algo que pueda ser ignorado.

Atraer a personas que deseen ser salvadas, no amadas

Las personas empáticas son extremadamente amables. Esto les posiciona en el radar de las personas que les gusta tomar ventaja. Si alguien tiene un problema en el cuidado de su relación, es posible que otra persona pueda aprovecharse. Por ejemplo, es más probable que una mujer empática sea abordada por un hombre narcisista. El narcisista tendrá cosas maravillosas que decir sobre ella, haciéndole bajar la guardia. Sin embargo, una vez que la mujer le deje entrar en su vida, saldrá su verdadera naturaleza. Él puede comenzar a pedirle dinero prestado para fines de inversión y hacerle perder su tiempo. El hombre se hará pasar por alguien que necesita ayuda, y es probable que la mujer le complazca.

La gente no les comprende

Intente explicar a una persona promedio cómo es el comportamiento de una persona empática. No se sentirían relacionados. Las personas empáticas tienen dificultades para adaptarse a la sociedad porque parecen estar "fuera de lo normal". Su capacidad para absorber las energías de otras personas y percibirlas como si fueran propias podría complicar las cosas. A las personas empáticas les sería más fácil entablar relaciones si las personas en las que estaban interesados hicieron algún esfuerzo por comprenderles.

Las personas empáticas son malhumoradas

Las personas malhumoradas son complicadas porque nunca estará seguro de cómo actuarán en el siguiente momento. Una persona empática siempre está procesando diferentes emociones, y la naturaleza de sus emociones cambiará dependiendo de su entorno. Si se relacionan con personas negativas, detectarán la negatividad y posiblemente estarán de mal humor. Esto puede hacer que su pareja desconfíe de ellos. Las personas empáticas se sienten mal porque, por mucho que estén de mal humor, no soportan tener que afectar a su pareja con esta situación. Es probable que puedan intentar alejarse cuando estén de mal humor.

Demasiado sinceros

¿Es posible que la sinceridad pueda impedirle tener una relación? ¡Por supuesto! Esto no significa que ser sincero sea algo malo. Pero algunas personas prefieren que les mientan para preservar su ego. Por ejemplo, si una persona empática sale de fiesta con alguien con potencial para convertirse en su compañero de vida, y luego esa persona se comporta de una manera que la persona empática considera desagradable, le dirá exactamente lo que piensa. Si hubiese querido elevar el ego de su pareja, hubiera mentido. Sin embargo, su sinceridad puede contradecir a su pareja.

Problema de actitud

No es ningún secreto que las personas empáticas son altamente sensibles. Tienden a examinar las palabras y acciones de otras personas como si trataran de leer el mensaje oculto. Este hábito hace que se sientan heridos por cosas que no lastiman a las personas comunes. A veces piensan que el mundo está en contra de ellos. En última instancia, su naturaleza sensible arruina su actitud. Cualquier persona que exprese interés en ellos puede atravesar por momentos difíciles, gracias a su tendencia de tomar las cosas personalmente. En una relación, no habrá escasez de fallos, pero su pareja debe tener un gran corazón, no un corazón sensible que tome las cosas personalmente.

No soportan los conflictos

Las personas empáticas tienden a evitar los conflictos tanto como sea posible. Cuando se dan cuenta de que una conversación se dirige hacia el conflicto, se retirarán. Y si existen amenazas, se asustarán. Prefieren no resolver un problema que tener que soportar el dolor de luchar por lo que creen. Este hábito tiende a alejar a las personas. Las personas reconocen que un buen compañero debe estar dispuesto y listo para enfrentar el conflicto por el bien de ambos.

Parecer distante

La tendencia de una persona empática a retirarse de la interacción humana puede parecer distante. Y mirando desde otra perspectiva, la persona empática en cuestión puede parecer arrogante. Aquellos que no tienen idea de lo que está pasando considerarán que es emocionalmente distante. Esta conclusión puede dañar la posición social de la persona empática y disminuir el número de personas que están interesadas en ellas. Al final del día, los seres humanos son criaturas sociales, y tendemos a disociarnos de las personas que parecen no encajar. Si todos entendieran por qué se alejan, no les rechazarían.

Capítulo 19: Por Qué las Personas Empáticas y los Narcisistas se Atraen Entre Sí y Las Etapas de su Relación

Aunque es común que las personas empáticas se enamoren de los narcisistas, nunca lo hacen con la única intención de salvarlos, como suponen muchas personas. Los narcisistas son expertos en colocar trampas para las personas sensibles, y la mayoría de las veces, logran atrapar a las personas empáticas. Las personalidades de ambos son diametralmente opuestas. Y por alguna razón, su atracción tiende a ser apasionada, hasta que la persona empática descubre las verdaderas intenciones del narcisista. Y en ese momento la relación se torna en llamas. Las siguientes son las etapas por las que debe pasar una relación entre una persona empática y un narcisista:

1. El narcisista detecta a una persona empática y se acerca a ella. Se proyecta a sí misma como una persona dinámica con una personalidad única que provoca asombro. La persona empática vacila, queriendo eliminar toda duda. Luego, muerde el anzuelo, y cae completamente enamorada del narcisista. La fase inicial de su amor es intensa y llena de pasión.

2. El narcisista se hace pasar por una persona impecable llena de amor. La persona empática le cree y sigue siendo leal al narcisista. Considera que han encontrado a alguien especial y es una pareja hecha en el cielo. Comienza a sentir un vínculo profundo que le conecta con el narcisista.

3. La persona empática nota que, aunque el narcisista está interesado en la relación, es como si quisiera darle todo su tiempo y dinero, mientras que el narcisista tiene todo el poder en la relación. Su amor por el poder destella en formas pequeñas, haciéndole nota de manera sutil. Sin embargo, el narcisista le hace creer al empático que todo está bien al hacerse pasar por una buena persona.

4. El narcisista lanzará su primer ataque. Puede ser una acusación por no comportarse adecuadamente o algún otro problema que el narcisista vea en la persona empática. Sus ataques están dirigidos a trasladar su poder a ellos y desalentarles de querer ser su igual.

5. La persona empática comienza a sentirse cansada y desilusionada. Ha empezado a sufrir debido a los ataques del narcisista. Por un lado, los narcisistas muestran su maldad, y, por otro lado, son dulces y divertidos. Hieren a la persona empática y posteriormente se convierten en buenas personas y esto les causa confusión.

6. El abuso que el narcisista impacta sobre la persona empática es meramente emocional. Quieren arrestar su alma. El objetivo del narcisista es hacer que la persona empática renuncie a su poder y acepte que es inferior al narcisista. Consiguió su objetivo.

7. La persona empática cree plenamente que el narcisista es quien tiene el control y cree que tomará decisiones que beneficiarán a ambos. Parece pensar que el amor y el sufrimiento van de la mano. Está lista para sufrir solo para hacer feliz al narcisista.

8. El narcisista comienza a presentarse como víctima de las circunstancias. Comenzará a decir que ha sido herido en el pasado por sus parejas anteriores e incluso por sus padres. Este es su plan

para obtener la simpatía de la persona empática. Busca ganarse su confianza.

9. Cualquiera que sea la historia que el narcisista haya dicho, la persona empática la recibirá con sospecha, pero su lado sensible no puede desechar lo que les han contado. Los narcisistas quieren hacerse pasar por víctimas. Les da poder. Y tal como lo planearon, la persona empática comienza a sentir pena por ellos y creen que el narcisista necesita su ayuda.

10. El narcisista solicita un favor a la persona empática. Normalmente es un pequeño favor. La persona empática está obligada. Entonces lo que sigue es una serie de solicitudes de más favores. El narcisista es un parásito y quiere usar todos los recursos que posee la persona empática. Ya sea tiempo o dinero, los narcisistas se asegurarán de que renuncie a una parte significativa de sus recursos. El trabajo de la persona empática es dar. Debe confiar en que el narcisista dará un buen uso a los recursos.

11. La persona empática se pierde totalmente en la relación. El narcisista es la "estrella del rock" y está a cargo de tomar decisiones clave y determinar hacia dónde se dirige la relación. La persona empática quisiera tener una contribución, pero el narcisista acapara todo el espacio.

12. Entonces la persona empática se da cuenta de que no se están respetando sus deseos y que ha perdido su identidad tratando de complacer al narcisista. Por una vez, alza la voz, queriendo saber por qué no es tratada como si fuera importante en la relación.

13. Al narcisista no le gusta la nueva actitud de la persona empática. Intenta ponerle de nuevo en su lugar al consolidar su estatus como el titular del poder en la relación. Esta acción tiene como objetivo hacer que la persona empática se someta al narcisista. El narcisista quiere que se den cuenta de que ellos tienen el control por el bien de ambos.

14. La persona empática se siente confundida. Se ha dado cuenta de cómo es en realidad su pareja. Obviamente, no dará marcha atrás,

pero aumentará sus esfuerzos para exigir un trato justo. Todavía desea trabajar en mejorar la relación en lugar de dejar que todo termine. Desea que el narcisista sea razonable.

15. El narcisista no realiza ningún cambio. Todo permanece sombrío como la persona empática lo ha notado. Está llena de un inmenso dolor al despertar a la realidad de que se enamoró de una imagen falsa. Se siente profundamente triste cuando se da cuenta de lo que esto significa para su relación. Pero aun así, quiere salvar la relación, si el narcisista pusiera de su parte.

16. El narcisista, obviamente, no se arrepiente e incluso incrementa su crueldad. Finalmente, la persona empática se da cuenta de que el narcisista no merece su afecto. Termina la relación y entra en una fase de inmenso sufrimiento. Sin embargo, cuando el dolor desaparezca, seguirá adelante, para nunca volver a pensar en el narcisista.

Capítulo 20: ¿Su Hijo es Empático? Consejos para su Formación

Si su hijo es un empático, debe haberse dado cuenta de que tiene cualidades especiales. Algunos de los rasgos que puede presentar incluyen ser intuitivo, tener una conexión profunda con los animales y ser extremadamente sensible. Desea criarlo de una manera que fomente su condición. Los siguientes son algunos consejos para criar a un niño empático:

○ **No existe nada malo en ellos**: un niño empático puede pensar que algo está mal con él cuando parece no encajar con el resto, pero es su responsabilidad como padre informarle de que está bien. Hágale saber a su hijo que no necesita ser arreglado. Está bien.

○ **Hacer que su entorno sea pacífico**: las personas empáticas son extremadamente sensibles al ruido. No pueden funcionar en un entorno que es caótico. Deberá asegurarse de que su hijo crezca en un entorno tranquilo. Si crece en un área desorganizada, se distraerá y perderá la concentración.

○ **Vigilar sus relaciones**: los niños empáticos son extremadamente influenciables. Son sensibles a las necesidades de otros niños. Tienen un profundo deseo de adaptarse. Por lo tanto, tratarán de asociarse con entusiasmo con muchos niños, algunos de los cuales podrían no ser la mejor compañía. Observe a los niños con los que su hijo quiere relacionarse y estudie sus comportamientos. Si son niños maleducados, anime a su hijo a que deje de juntarse con ellos, para que no siga adoptando sus modales.

o **Nunca se burle de su hijo**: si su hijo es muy sensible a las palabras o acciones de la gente, puede ser tentador reprenderlo. Sin embargo, burlarse de ellos no les haría desarrollar una actitud firme; en su lugar, haría que el niño se resintiera por no entenderlo. Como padre, usted desea ser el mejor aliado de su hijo y debe brindarle orientación sin burlarse de él.

o **Usar diferentes medidas disciplinarias**: no debe castigar a un niño empático como lo haría con un niño promedio. No debe someterle a dolor y sufrimiento. Un niño empático es muy obediente, y es capaz de corregir su camino si le guían pacientemente. Si hiere sus sentimientos, podría tomárselo personalmente y se molestará por ello.

o **Descanso de calidad**: la importancia del descanso no puede ser sobrestimada. Absorber las energías de otras personas puede ser extremadamente agotador. Debe proporcionar un excelente ambiente para que su hijo tenga un sueño de calidad. Esto jugará un papel importante en sus niveles de energía. Cuanto más duerma, más animado se sentirá.

o **Motivarles a hablar**: es probable que un niño empático se quede callado. Sin embargo, debajo de su calma exterior, existe un tsunami de emociones. Anime a su hijo a expresar sus sentimientos para que no caiga en depresión. Esta es una forma importante de demostrar su preocupación por su bienestar.

o **Ser un mentor emocional**: después de animarles a expresar sus sentimientos, es su responsabilidad hacerles entender sus emociones. Enséñeles cómo sus emociones contribuyen a la persona en la que terminan convirtiéndose. Pero lo que es más importante, deben tomar conciencia de su capacidad para absorber las emociones de otras personas y transmitirlas como propias.

o **Mejorar sus habilidades de colaboración:** dado que un niño empático tendrá dificultades para adaptarse, podría aislarse de los demás y esto afectará su capacidad para desempeñarse dentro de un equipo. La colaboración es fundamental para el éxito. Involúcrele en algunas de sus actividades y anímele a involucrar a otros niños también.

o **Felicitarles**: los niños están desesperados por ganar la aprobación de sus padres. Cuando hacen algo excelente, por ejemplo, cuando obtienen una buena calificación en la escuela, es una oportunidad perfecta para recompensar su esfuerzo. Elogiarles y recompensarles por sus logros. Esto les brindará el impulso para continuar logrando grandes cosas.

o **Enseñarles cómo establecer límites:** su hijo empático será el más amable entre los demás niños. Esto puede hacerle susceptible a los narcisistas. Deberá enseñarle que su bondad debe tener límites. No es bondad si sufre por ello. Enséñele a satisfacer sus necesidades antes de ayudar a los demás.

o **Desarrollar su creatividad e imaginación**: un niño empático posee una vasta imaginación. Es importante enseñarle cómo sacar el máximo provecho de su imaginación. Le ayudará a superar sus problemas. Puede mejorar su creatividad proporcionando materiales de lectura adecuados para su edad. Cuanto más lee, más se expanden los límites de su creatividad.

o **Mejorar sus habilidades de comunicación**: si no es proactivo al respecto, su hijo podría presentar un impedimento del habla. Para eliminar las posibilidades de que esto suceda, debe enseñarle a su hijo a expresarse. Esta es una habilidad vital que será extremadamente crítica en su vida adulta.

o **Enseñarles a manejar la presión**: un niño empático será sometido a una presión inmensa por parte de sus compañeros. Su grupo de compañeros notará que es peculiar. Le presionarán para que se vuelva como el resto. En ese momento, el niño empático no debe ceder, sino seguir siendo él mismo.

o **Ejercitarse**: debe comenzar a entrenar a su hijo físicamente desde una edad temprana. Los ejercicios regulares mejorarán su salud física y emocional. El ejercicio también fortalecerá su carácter e integridad. Por lo tanto, estará en posición de tomar decisiones relevantes, en lugar de ser débil e indeciso.

o **El valor de la gratitud**: un niño empático estará agradecido por todo lo que tiene o recibe. Pero aun así, deberá cimentar este ideal para que se convierta en un valor de por vida para él. Haga que su hijo entienda que debe estar agradecido sin importar el motivo.

Capítulo 21: Las Mejores Carreras Profesionales para Personas Empáticas

La belleza de la vida consiste en la diversidad. Cuando se trata de trabajo, personalidades particulares van con diferentes profesiones. No todos podemos hacer el mismo trabajo por la sencilla razón de que no compartimos un solo tipo de personalidad. Los seres humanos son distintos. Por ejemplo, una persona extrovertida podría desarrollarse como vendedor, pero una persona empática no tendría un buen desempeño en el mismo rol. Los siguientes son ejemplos de profesiones en los que las personas empáticas pueden prosperar:

Enfermería

Cuidar de los demás es algo natural para las personas empáticas. Pueden prosperar en el campo de la enfermería donde tendrían que cuidar a personas enfermas. Obtienen un gran alivio al tener un gran impacto en el mundo en el que viven, y cuidar de la salud de una persona enferma sería increíblemente útil. Pueden aceptar trabajos en hospitales, residencias de ancianos o incluso abrir un consultorio privado.

Psicología

Las enfermedades mentales se han convertido en un gran problema, especialmente en la actualidad y no existen suficientes psicólogos para manejar la situación. Las personas empáticas serían los psicólogos perfectos, ya que les encanta ayudar a las personas a recuperarse y obtener una comprensión más profunda del funcionamiento del cerebro.

Escritor

Las personas empáticas tienden a experimentar emociones intensas. Y también tienen un lado muy introspectivo. Esta es una combinación perfecta para un gran escritor. Seguir una carrera en la industria de la escritura sería increíblemente satisfactorio, ya que no tendrán que soportar el ruido y las distracciones del mundo exterior. Pueden crear su propio mundo pequeño.

Contador

Considerando que las personas empáticas tienen dificultades para relacionarse con otras personas y que luchan por absorber sus energías, una carrera como contador podría beneficiarles. Estarían analizando cuentas y realizando diversos cálculos. Y el contacto humano se restringiría cuando informen a sus jefes o se pongan en contacto con compañeros de trabajo.

Veterinario

Las personas empáticas no solo se preocupan por los seres humanos; su amor se extiende a los animales. Quieren asegurarse de que los animales también dejen de sufrir. Si asumen el trabajo de veterinario, serán fundamentales para mejorar la vida de los animales en todo el mundo. Estudios recientes han indicado que los animales también tienen sentimientos.

Artista

Otra línea de trabajo que da la bienvenida a los sentimientos intensos y a las perspectivas únicas de una persona empática son las artes. Pueden aprovechar su riqueza de emociones para crear arte que conmueva a las personas. Gracias a las diversas plataformas en línea que atienden la venta de arte, les sería fácil llegar a su público objetivo y crear un grupo de admiradores.

Mentor personal

Las personas empáticas son profundamente introspectivas. Esta cualidad les ha llevado a obtener una visión muy profunda de la vida. Pueden elegir convertirse en un mentor personal para iluminar a otras personas. La gente acudirá a ellas para aprender de su sabiduría. Como mentor personal, pueden abrir un consultorio o incluso realizar consultas a través de Internet.

Maestro

Confiando en su inmenso deseo de ofrecer orientación a mentes influenciables, una persona empática se desarrollaría de manera excelente como maestro. Son pacientes, y a los estudiantes les agradarían instantáneamente, especialmente porque se sentirían comprendidos. Las personas empáticas se complacen al ver que desempeñaron un papel en la transformación de la vida de una persona.

Trabajador de Organización sin Fines de Lucro

En la actualidad millones de personas están sufriendo en todo el mundo. Algunas organizaciones ayudan a mejorar la situación de estas personas. Estas organizaciones necesitan trabajadores que no tengan en mente el dinero. Una persona empática se preocupa por la situación de los afligidos y no se deja llevar por el dinero, por lo que sería un muy buen candidato para este tipo de trabajo.

Diseñador web y gráfico

La forma tradicional de hacer negocios está experimentando un cambio importante. La gente está recurriendo a internet para hacer crecer su negocio. Una persona empática aprovecharía este desarrollo al establecer sus propias agencias de diseño gráfico y diseño de sitios web. Muchos empresarios desean trabajar con los diseñadores de sitios web y gráficos para crear un gran sitio web para su negocio.

Asistencia virtual

Muchas personas han cambiado a hacer negocios en línea. Solo la industria del comercio electrónico en Estados Unidos vale cientos de miles de millones. Existen ejecutivos que necesitan ayuda en forma de asistentes virtuales. Usted aligeraría su carga proporcionando el servicio de asistencia virtual. Esto implicaría cosas como recordarles los horarios importantes, o garantizar que los documentos de la empresa se almacenen de forma segura, entre otras cosas.

Botánico

Las personas empáticas también se encuentran conectadas con las plantas. Pueden comunicarse con una planta simplemente captando sus vibraciones. Convertirse en un botánico es adecuado para ellas porque tienen la oportunidad de comprender la ciencia de la vida vegetal. Esta carrera satisfaría su necesidad de comprender cómo nacen las plantas y cómo producen los alimentos que consumimos.

Diseño paisajístico

Las personas empáticas son muy creativas. Seguramente triunfarían en una carrera de diseño paisajístico. Esta carrera requiere una comprensión de la arquitectura del paisaje y diseño de jardín. Prosperarían debido a su creatividad e intuición. Los clientes disfrutarían trabajando con ellos, ya que pueden acoplarse rápidamente y producir los diseños exactos que los clientes buscan.

Agente de bienes raíces

Las personas empáticas podrían desarrollarse en este tipo de trabajo porque las agencias de bienes raíces son un asunto muy pacífico. La mayor parte de su tiempo se consumiría en lugares de exploración e intentaría encontrar pistas. El negocio no involucra a demasiadas personas. Además, aliviaría su deseo al ver que ayudaron a alguien a encontrar un lugar cómodo para vivir.

Vendedor Digital

En la época de internet, comenzar una agencia de marketing es bastante sencillo. Existen cientos de millones de compradores en línea dispuestos a gastar dinero. Como comercializador digital, su trabajo es crear el producto perfecto y venderlo a su clientela en línea. Las personas empáticas prosperarían en este tipo de trabajo, especialmente porque pueden utilizar herramientas de automatización y atenuar el contacto humano.

Capítulo 22: Señales de que Usted es una Persona Empática Intuitiva– No Solamente Empática

Una persona empática intuitiva tiene una profunda capacidad de intuir los pensamientos y acciones de las personas. Esta habilidad les ha acompañado desde que eran pequeños. Una persona intuitiva es un tipo especial de empático, y las siguientes características son distintas a ellos:

Sueños vívidos

Una persona empática intuitiva experimenta sueños vívidos. Estos sueños nunca se pierden en un empático. Esta capacidad comenzó cuando eran niños pequeños y se ha mantenido con ellos en la edad adulta. Las personas empáticas intuitivas están muy enamoradas del mundo de los sueños y parece que no pueden esperar a la noche para poder tener otro sueño. Teniendo en cuenta que los sueños pasan por alto el ego, suelen ser medios muy poderosos para proporcionar información intuitiva. Los sueños brindan orientación sobre asuntos de espiritualidad y curación, así como la superación de emociones sensibles. Los elementos del sueño también pueden ser simbólicos. Sin embargo, una persona empática intuitiva está preparada para descifrar el significado oculto de cada personaje que aparece en sus sueños. Sus sueños están frecuentemente repletos de mensajes. Tal vez sea una revelación o un mensaje de curación. Utilizan estos sueños para brindar soluciones a las personas que les preocupan.

Algunas personas empáticas intuitivas tienen guías espirituales con quienes hablan dentro del mundo de los sueños. El guía espiritual puede tomar la forma de un animal, una persona, un ángel o incluso una voz, pero su presencia es inconfundible. Los guías espirituales normalmente le brindan la sabiduría de superar los desafíos de su vida, actualizar sus objetivos y vivir de manera más creativa y pacífica. Los guías espirituales no tienen intenciones maliciosas y están realmente interesados en mejorar su vida junto con sus amigos.

Durante los sueños, una persona empática intuitiva tiene la capacidad de trasladarse desde el mundo presente y recorrer el mundo de los sueños. Esto se llama una experiencia extracorpórea. Es surrealista. Una persona empática que está acostumbrada a este tipo de experiencia puede encontrarse perdiendo el sueño, ya que no puede esperar para ir a otro mundo más allá de nuestro delgado velo de realidad.

La historia de los sueños de las personas empáticas intuitivas es extensa y para asegurarse de que nada de eso se pierda, debe grabarlo. Al despertar, escriba los detalles de su sueño en un diario. Después, medite sobre el significado de esos sueños durante el resto del día. Adquiera el hábito de hacerse preguntas importantes antes de irse a la cama. De esta manera, animará a sus guías espirituales a que le briden una respuesta a través de sus sueños.

Habilidades místicas

Otra característica de una persona empática intuitiva es su poder místico. Es el tipo de persona que puede mirar rápidamente a alguien y leer su mente como un libro de texto. Conoce cuáles son sus pensamientos ocultos, lo que está a punto de hacer y qué piensa realmente sobre varias cosas.

Una persona empática intuitiva es el tipo de persona que pensará para sí misma: "Mi mamá pasó dos días sin hablarme" y, al pensar en esa situación, su teléfono comenzará a sonar y adivine quién llama: ¡Mamá!

Una persona empática intuitiva es el tipo de persona que estará sentada y de repente pensará: "Mi hijo está enfermo", y luego se enterará de que su hijo está enfermo.

Una persona empática intuitiva enfrenta el desafío de detectar si cierto pensamiento es independiente o una proyección de sus emociones y luchas. Las posibilidades de que un pensamiento sea preciso son altas cuando ese pensamiento aparece de forma independiente, en lugar de ser una extensión del estado emocional de una persona empática intuitiva.

Es absolutamente necesario desarrollar un profundo sentido de autoconciencia. La información recibida al encontrarse en un estado neutral o compasivo es mucho más precisa que los mensajes recibidos al estar emocionalmente cargado. Sin embargo, si tiene una comprensión profunda de sí mismo, difícilmente proyectará sus temores, preocupaciones o inseguridades en otras personas.

Como persona empática intuitiva, es absolutamente necesario mantenerse con los pies en la tierra. Las vibraciones que capta de otras personas no deberían complicar su vida. Por el contrario, deben profundizar su compasión y comprensión por los demás. La capacidad de leer los pensamientos ocultos de las personas es excepcional. En el fondo de su mente, debe saber que es extremadamente afortunado.

Conexión con la madre tierra

Las personas empáticas intuitivas están muy conectadas con la madre tierra. Pueden percibir diversos cuerpos naturales, sensual y energéticamente. Si es un trueno, pueden percibir su poder sacudiéndose a través de su cuerpo, y si es la luna, pueden percibir su belleza brotando dentro de ellos.

Una persona empática intuitiva parece estar en sintonía con el estado energético de la Tierra. Es feliz cuando la madre tierra está bien cuidada y triste cuando la madre tierra actúa con furia. Si vive cerca del océano y las aguas son tranquilas, se sentirá alentado y feliz. Sin embargo, si las aguas se vuelven violentas, la felicidad inicial desaparece, y en su lugar, viene la depresión.

Una persona empática intuitiva es como un unicornio, porque es feliz cuando la tierra está en excelentes condiciones y se siente triste cuando la tierra sufre algún daño. Por esta razón, desempeña un papel activo para garantizar que la Tierra esté bien cuidada. Así mismo, deberá pasar tiempo en el entorno natural para experimentar su estado de unión.

Conocimiento previo de los acontecimientos

Si usted es una persona empático intuitiva, muchas veces le preguntará a la gente: "¿No te lo dije?" Esto se debe a que parece tener un conocimiento previo de las cosas. O tiene visiones sobre el futuro al estar despierto, o tiene sueños con eventos futuros, pero en ambos casos, las visiones se cumplen. Esta habilidad no está restringida únicamente a su vida. Puede predecir con precisión los eventos futuros de las vidas de otras personas. Tiene la capacidad de visualizar cómo serán sus relaciones, carreras y otras condiciones.

Ser una persona empática intuitiva es un inmenso regalo del que debe sentirse orgulloso y tomar el máximo provecho para tener una vida satisfactoria.

Capítulo 23: Cómo Mantener el Equilibrio con sus Emociones

Ante los desafíos o el cambio, es probable que las emociones de una persona empática oscilen entre los extremos. Su interior es caótico. Sin embargo, para mantener un cuerpo y una mente saludables, debe alcanzar el equilibrio emocional. Los siguientes son algunos consejos para ayudarle a mantenerse en equilibrio con sus emociones:

Perdonarse a sí mismo

Un rasgo peculiar que casi todas las personas empáticas comparten es su tendencia a ser demasiado exigentes con ellas mismas. Si establecen una meta y no la consiguen, eso es suficiente para entrar en un estado de miseria incalculable. Son demasiado exigentes con ellas mismas, y no lo reconocen. Alienta la negatividad en su vida, ya que claramente tienen una falta de actitud. Como persona empática, debe aprender a dejar de lado sus fracasos, pero esto no significa que deba volverse conformista. Deberá reestructurar estrategias, establecer nuevos objetivos y volver a intentarlo.

Practicar meditación consciente

La meditación consciente es la práctica de vivir en el momento. Si se encuentra atrapado en un ciclo de preocupación por lo desconocido, no hay mejor manera de deshacerse de la preocupación que practicar la meditación consciente. Debe enfocar su energía en despejar el ruido de su mente y apreciar el momento en el que se encuentra ahora mismo.

Ejercicios de respiración profunda

La efectividad de los ejercicios de respiración profunda para dejar atrás el estrés y la tensión no puede ser sobrestimada. Es importante encontrar un ambiente sereno y adoptar una postura erguida, y posteriormente comenzar a respirar profundamente inhalando y exhalando. Concéntrese en eliminar la negatividad y el estrés al inhalar y exhalar.

Ejercitarse

Adquiera el hábito de ejercitarse a diario. Esto mejorará su salud emocional y lo hará menos susceptible a estados de ánimo decaídos. El ejercicio físico le ayudará a adquirir un cuerpo sano y le hará sentir seguro de sí mismo. Al sentirse confiado, es más probable que experimente pensamientos felices.

Aceptar sus sentimientos

Para deshacerse de las emociones negativas, primero debe ser honesto acerca de lo que realmente siente. Aunque puede afectar su ego al admitir que está luchando contra las emociones negativas, al ser sincero acerca de sus sentimientos, se encontrará en una posición mucho mejor para superar esas emociones negativas que si no hubiera sido honesto consigo mismo.

Evitar las drogas

Algunas personas encuentran consuelo en las drogas cuando experimentan inestabilidad emocional. No considere esa opción. Aunque las drogas pueden parecer una gran solución, su efecto es de corta duración. Tendrá que consumir más y más drogas para combatir el dolor, pero se convertirán en una adicción. Será mejor luchar contra sus emociones negativas estando sobrio. No es sencillo, pero es una mejor alternativa.

Disminuir sus expectativas

Tener expectativas elevadas puede ser arriesgado si no las cumple. Es probable que se deprima y luche con pensamientos obsesivos. Debe aprender a reducir u omitir sus expectativas por completo. Al no tener expectativas elevadas, no significa que deba dejar de esforzarse. Significa que se encuentra enfocado, pero desea que el universo le sorprenda.

Ser agradecido

Es fácil sentirse como víctima bajo el peso de las emociones negativas. Sin embargo, realice una pausa por un momento. Piense en lo que ya tiene. Si es una persona agradecida, es menos probable que experimente esas emociones, ya que tendrá una mentalidad de abundancia. Pero si es una persona ingrata, siempre querrá más.

Cuidar su alimentación

Los estudios demuestran que existe una gran correlación entre la mala alimentación y los problemas de salud mental, como la depresión y los pensamientos obsesivos. Evite comer comida chatarra y comience a preparar comidas saludables. Al adoptar una dieta saludable, mejorará su bienestar emocional y físico. Además, una dieta saludable le permitirá ahorrar dinero.

Calidad de sueño

Cuanto mejor duerma, mejor será su salud mental. Asegúrese de dormir por lo menos seis horas cada noche. Al tener un sueño de calidad, tendrá más energía para enfrentar el día y, lo que es más importante, su cerebro funcionará en un nivel óptimo. Es menos probable que se involucre en situaciones que afecten su estado de ánimo. Sin embargo, si no duerme lo suficiente, es probable que se sienta irritable y más inclinado a tener emociones negativas.

Aceptar a otras personas

Evite guardar rencor hacia otras personas. No significa necesariamente haberles perdonado. Sin embargo, debe comprender que, al guardar rencor, atrae energía negativa a su vida. La energía negativa genera estrés y ansiedad. No le ayudará. Pero si abandona los rencores, se liberará de esa energía y abrirá las puertas a la felicidad.

Música

Al experimentar inestabilidad con sus emociones, intente obtener calma escuchando música suave. Con la música adecuada, puede combatir las emociones complicadas y abrir espacio a la paz. Los estudios demuestran que la música tiene un efecto terapéutico. En lugar de solo escuchar música y dejar que las emociones jueguen dentro de su mente, también puede cantar, y esto acelerará el proceso de curación.

Reunirse con amigos

Sus amigos no existen solamente para los buenos momentos. Deben estar ahí para usted cuando las cosas marchen mal. Al estar deprimido y luchando contra las emociones negativas, reúnase con sus amigos y ellos le ayudarán a salir adelante. Si ha desarrollado una relación cercana con sus amigos, puede compartir con ellos lo que le aflige. Sin embargo, debe tener vínculos estrechos antes de hacerse vulnerable porque podría terminar como un tonto.

Ser consciente de sí mismo

Cuanto más experimente distintas emociones, debe aumentar su conciencia de sí mismo. Considérelo como una oportunidad para aprender sobre su verdadero carácter, sentimientos, deseos y motivaciones. Al tener una gran conciencia de sí mismo, está en condiciones de mantener equilibradas sus emociones.

Capítulo 24: Señales de Tener Capacidad de Sanación Espiritual

En las sociedades occidentalizadas, si una persona sufre de una enfermedad, la solución es consultar un médico. La medicina moderna es útil, pero incluso existe una técnica curativa más potente conocida como sanación espiritual. Esta práctica es relativamente nueva y aún no ha tenido una gran aceptación, pero sus profesionales reconocen que funciona. La sanación espiritual no se preocupa por aliviar una sola enfermedad, sino por restaurar la salud individual. Los sanadores espirituales reconocen su potencial desde que eran pequeños. Las personas empáticas tienden a tener una capacidad inherente para convertirse en sanadores espirituales. Los siguientes son algunos signos que indican que usted posee el potencial de convertirse en un sanador espiritual:

Carencia de enfermedades

Es probable que irradie cierta energía que evita que usted enferme. No recuerda haber ido al hospital para recibir medicamentos o una inyección. Siempre ha tenido una salud perfecta. Aunque usted viva una vida normal como el resto de las personas, parece que no le afectan los gérmenes que causan enfermedades a la gente.

Tiene una peculiar habilidad para percibir patrones

Siempre ha parecido que puede descifrar un patrón para la mayoría de las cosas que suceden en su vida o en la vida de otras personas.

Desde que era pequeño, estos patrones le han resultado lógicos, y otras personas le consideran extraño por poder hacer eso.

Se siente conectado con los animales

Nunca ha entendido a las personas que tratan a los animales cruelmente. Posee un vínculo muy especial con los animales, y es casi como si pudiera comunicarse con ellos. Usted ha tenido varias mascotas desde que era pequeño y, en particular, tiene gatos o perros.

Atrae a los niños

Es casi como si los niños estuvieran magnetizados con usted. No importa si los niños no están familiarizados con usted, seguirán corriendo y chocarán contra usted. Los niños se sienten muy emocionados a su alrededor. Y parecen perderse en cada una de sus palabras. Le consideran una figura de autoridad.

Evita las multitudes

Las áreas repletas de gente como los centros comerciales y clubes nocturnos parecen darle un mini ataque al corazón. El ruido producido por todas esas personas afecta su paz. Estar rodeado por muchas personas tiende a agotar su energía. Esto hace que evite activamente estar atrapado en las multitudes.

Puede predecir cambios climáticos

Tiende a saber instintivamente cómo evolucionará el clima en el transcurso del día. Podría estar lloviendo en este momento, y su instinto le indica que saldrá sol en el siguiente instante, y efectivamente, el sol brilla después. Ser sensible a los cambios climáticos es un regalo peculiar, y si lo tiene, definitivamente es un sanador de energía.

Las personas acuden a usted en busca de ayuda

La gente confía en usted para buscar respuestas. Las personas que apenas conoce a menudo se acercan y "abren sus corazones". Es como si consideraran que usted tiene sus respuestas. Le piden consejos sobre cómo lidiar con las frustraciones de la vida. Y tal y como ellos esperaban, desempeña ese papel perfectamente bien.

Es un buen oyente

Se ha dado cuenta de que escuchar es una de sus cualidades más fuertes. La gente puede seguir y seguir sin darle la oportunidad de hablar, y no le molesta en lo más mínimo. Esta habilidad le permite ser lo suficientemente paciente como para permitir que las personas revelen todo lo que puedan sobre sí mismas.

Sus pasatiempos son distintos a los de sus amigos

Quizás sus compañeros disfruten jugando al ping-pong, haciendo una fiesta en la playa o incluso practicando algún deporte. Sin embargo, usted no siente interés en los pasatiempos comunes. Sus pasatiempos incluyen cosas como practicar yoga o leer novelas. Su interés en pasatiempos no convencionales le ha hecho menos destacado entre sus compañeros.

Sus sueños se hacen realidad

Todo lo que visualiza en sus sueños se vuelve realidad. Diversos elementos en sus sueños pueden ser simbólicos, pero aún tendrá el entendimiento de recibir el mensaje. Esta habilidad le ha otorgado poderes precognitivos. Parece que conoce lo que depara el futuro.

Ha sobrellevado un incidente traumático

Tal vez tuvo una infancia complicada, y esto le marcó de por vida. Sin embargo, el trauma fue crítico para despertar su capacidad de sanación espiritual. A medida que ha madurado, ha superado el trauma en su pasado y está prosperando en la actualidad. Pero ocasionalmente, los recuerdos aparecen en su cabeza.

No tiene un sentido de pertenencia

Ha estado en muchos lugares y ha hecho muchas cosas, pero nunca se ha sentido del todo bien en casa. Se siente como un extraterrestre de otro planeta. No conoce a nadie a quien pueda llamar alma gemela. Sí, la buena costumbre está ahí, pero no puede relacionarse con otras personas a un nivel esencial. Al principio, solía molestarle, pero ya no.

Hipensensibilidad electromagnética

Esto le ha hecho sentir extraño consigo mismo. Estar cerca de algún objeto que emite señales electromagnéticas tiende a afectar su funcionamiento normal. Por ejemplo, puede entrar a una habitación y las luces comienzan a parpadear, o puede tocar una radio, y de repente se apaga.

Atrae a personas que necesitan ser salvadas

Mirando hacia atrás a todas las personas que entraron en su vida, se sorprende al darse cuenta de que necesitaban algo de usted. Necesitaban ser salvados. Y usted hizo un gran trabajo salvándoles, o al menos lo intentó.

Ha presenciado diversas situaciones paranormales

En lo más profundo de su ser, sabe que existe más en la vida de lo que conocemos actualmente. Ha experimentado en varias ocasiones eventos sobrenaturales que lo dejaron desconcertado. Tal vez al dormir pudo sentir una presencia extraña en su habitación, o tal vez ha visto una entidad que puede ser descrita como de otro mundo. Está convencido de que existe una gran cantidad de misterios que aún no hemos descubierto.

Capítulo 25: Cómo Fortalecer su Cuerpo Mental

Esta es la parte de usted que comprende los pensamientos y la conciencia. Para lograr una salud plena, debe asegurarse de que su cuerpo mental se encuentre en óptimas condiciones de funcionamiento. Los siguientes consejos le ayudarán a fortalecer su cuerpo mental:

o **Establecer objetivos**: Al establecer un objetivo, alienta a su mente a que lo ayude a lograr sus deseos. Un objetivo no debe ser manejado como un simple deseo. Debe especificar exactamente lo que desea lograr e imponer un límite de tiempo. Pero sus objetivos deben ser alcanzables. Si se mantiene firme, puede comprender la diferencia entre ser ambicioso y poco realista.

o **Enriquecer su entorno**: Todos los días, estamos sujetos a numerosas decisiones. Si nuestra resolución es débil, podemos sucumbir fácilmente a las malas decisiones. Sin embargo, debemos alentarnos a tomar las decisiones correctas estableciendo el entorno adecuado. Por ejemplo, si su propósito es ejercitarse por la noche, coloque sus zapatos de entrenamiento en un área abierta para que cuando regrese, vea sus zapatos y la idea comience a fluir. Si desea comer de manera saludable, deshágase de la comida chatarra para evitar caer en la tentación.

o **Deshacerse de los atajos**: Si prefiere tomar atajos, no le llevarán a ninguna parte. Todas las cosas buenas requieren esfuerzo. Lo último que desea es familiarizar su mente con el hábito tóxico de tomar atajos. Si está entrenando, asegúrese de completar las repeticiones y no se engañe. Mantenerse fiel a sí mismo no solo le ayuda a lograr sus objetivos, sino que también mejora su integridad.

o **Aceptar la inconformidad:** Al volverse demasiado complaciente, perderá gradualmente su resolución y desistirá de sus objetivos. No permita que eso suceda. Acepte ser inconformista. Este espíritu le permitirá luchar por sus sueños. Enseñe a su mente algo de resiliencia. De esta manera, puede ir en contra de todas las probabilidades y logrará lo que se propone.

o **Enfrente sus pensamientos negativos**: Si conserva negatividad en su mente, le resultará complicado progresar. Como persona empática, la negatividad restringe tanto sus habilidades psíquicas como su creatividad. No es posible eliminar toda la energía negativa que reside en usted, pero debe asegurarse de que su negatividad sea, al menos, disminuida.

o **Desafiarse a sí mismo**: Es a través de la perseverancia de los desafíos que nos convertimos en mejores personas de lo que previamente habíamos sido. Al no desafiarse a sí mismo, no podrá crecer. Al condicionar a su mente para que espere desafíos, tiende a estar en el espacio correcto para lograr un gran rendimiento. Sin embargo, al elegir el camino más fácil disponible, puede perder su enfoque y su espíritu de lucha.

o **Demostrar que la gente se equivoca:** Si alguien le dice que no puede hacer algo, considere su comentario como un estímulo para hacerlo y demostrar que está equivocado. Como persona empática, se encontrará con muchas personas que le desvalorizarán, pero nunca debe darles la satisfacción de dejarles ganar. Al mostrarle a la gente que está equivocada, le hará sentir mejor y también aumentará considerablemente su autoestima.

o **Leer**: Cuantos más libros lea, más conocimientos tendrá sobre diversos temas. El conocimiento es poder. Y realmente ayuda a tener un cerebro más desarrollado. Los estudios han revelado que la lectura hace que las células del cerebro aumenten. Este fenómeno se conoce como neuroplasticidad, por lo que se forman nuevas células cerebrales para almacenar nueva información.

o **Mejorar su alimentación**: Si desea que su cuerpo mental funcione adecuadamente, debe mejorar su alimentación. Evite la comida chatarra. Comience a ingerir alimentos saludables que incluyan todos los elementos vitales. Coma frutas y verduras también. Una dieta adecuada no solo es beneficiosa para la mente sino también para el cuerpo en general. No se trata de solamente comer saludable una vez y después olvidarlo, ¡no! Es importante que esto sea parte de su estilo de vida.

o **Ejercicio**: La importancia de ejercitarse no puede ser sobreestimada. El ejercicio es excelente para la salud de la mente y el cuerpo. La mejor parte es que no necesita herramientas sofisticadas para comenzar. Todo lo que necesita es espacio, equipo básico (a veces nada) y listo. Para obtener todos sus beneficios, debe hacer de los ejercicios una parte de su estilo de vida en lugar de hacerlo solo por una vez.

o **Dormir**: Su mente se relajará al dormir. Cuanto mejor duerma, más se renovará su mente. Cuando su mente se renueva, puede tener una gran auto-motivación a lo largo del día, y estar en una mejor condición para llevar a cabo sus actividades. El sueño le ayudará a elevar también sus vibraciones.

o **Limitar el tiempo que pasa viendo televisión**: El propósito principal de la televisión no es entretenerle; es obtener dinero. Existe un sinfín de contenido en la televisión que es tanto inapropiado como engañoso. Si se deja envolver por este contenido, será atrapado de manera subliminal. Por lo tanto, debe evitar la televisión y buscar una forma alternativa de entretenimiento. Intente mantenerse alejado de la televisión para que no atrape su mente y, lo que es más importante, puede aprovechar mejor su tiempo.

o **Romper el patrón**: Si su mente se ha acostumbrado a una sola manera de hacer las cosas, debe romper el patrón para que su cerebro pueda activar el otro lado, así como acceder a ambos hemisferios. Cambie la forma en que normalmente hace las cosas.

o **Reflexionar**: Evite perderse en su trabajo y actividades que se olvide de vivir. Y no hay mejor manera de vivir que a través de la reflexión. Al detenerse a mirar hacia atrás en su progreso, puede apreciar su contribución y, al mismo tiempo, animarse a ser aún mejor.

o **Conocer gente inteligente**: Esta es otra forma increíble de mejorar su mente. Dicen que el hierro afila el hierro. Conozca gente nueva e inteligente y aprenda de ella.

Capítulo 26: ¿Qué es una Persona Empática Psíquica y Cómo Saber si Usted es Uno de Ellos?

El término empatía cubre una amplia gama de personas con capacidades empáticas. Una persona empática psíquica tiene el extraordinario don de sintonizar con los sentimientos ocultos de otras personas. Las personas empáticas psíquicas nacen con este don, pero solo comienza a manifestarse después de su infancia. Como los niños, los empáticos psíquicos tienden a ser tímidos y sensibles, y sus compañeros tienden a tratarlos con sospecha. Si no reciben ninguna ayuda, es probable que tengan una vida complicada en su juventud con la reputación de ser inadaptados sociales. Los siguientes son algunos rasgos que caracterizan a este tipo de empáticos:

Telepatía

Las personas empáticas psíquicas pueden transmitir patrones de pensamiento de sus mentes a otra persona. Además, pueden conocer los pensamientos de otras personas sin importar la distancia entre ellos. Por ejemplo, reconocen instintivamente cuando alguno de sus padres está triste o deprimido, ya que pueden compartir su tristeza en lo más profundo. Podrían estar comiendo helado en un momento, y al momento siguiente sienten que algo está mal, y cuando contactan con alguien sobre lo que hayan pensado, normalmente es el caso.

Tienen buena suerte

A una persona empática psíquica parece seguirle la buena suerte. Estas personas no solo traen suerte para ellas mismas sino también para otras personas. Por ejemplo, si se reúnen con alguien e intercambian saludos, esa persona procederá a encontrar buena suerte a lo largo del día. Si le dan algo de dinero a alguien, es probable que la persona encuentre más suerte durante la mayor parte de ese día o semana.

Evitan los conflictos

La forma más fácil de hacer que una persona empática psíquica se aleje es enfrentarle o amenazarle. Estas personas prefieren hacer las paces, no luchar. Se sienten agotadas por la idea de tener que discutir como una forma de corregir un error.

Alta estimulación sensorial

Los nervios sensoriales de una persona empática psíquica son muy activos. Por esta razón, tienden a reaccionar a los estímulos mucho más rápido que la persona promedio. Pueden abrumarse con demasiada facilidad. Por esta razón, tienden a evitar lugares con demasiado ruido o demasiada luz, básicamente cualquier cosa en extremo. Así mismo, son excelentes para detectar sensaciones que se perdería una persona promedio. Pueden detectar cosas más sutiles sobre un lugar o persona.

Sus instintos sobre la gente están en el dinero

Las personas empáticas psíquicas parecen saber por instinto cómo es alguien. Por esta razón, si es una mala persona, no pillará a una persona empática psíquica totalmente desprevenida. Reconocerá que es una mala influencia, pero de alguna manera aún le dará el beneficio de la duda, y después de revelar sus verdaderas intenciones, se dará cuenta de que su primer instinto fue preciso.

Tienen amigos imaginarios

Una persona empática psíquica está en contacto con el mundo espiritual. Incluso se han hecho amigos con entidades en el ámbito espiritual, también conocidas como guías espirituales. Los guías espirituales actúan como sus protectores y les revelan secretos y visiones. Por extraño que parezca, obtienen más satisfacción al interactuar con los guías espirituales de lo que nunca lo haría al interactuar con personas normales.

Parecen solitarios

Para el observador promedio, una persona empática psíquica puede parecer la persona más solitaria porque siempre está sola. Sin embargo, por extraño que parezca, casi nunca parece solitaria o emocionalmente inestable. Puede que no tenga contacto humano, pero eso no significa que esté sola. Tiende a tener imaginaciones muy activas. Los mundos que ha creado en su mente están extremadamente llenos de diversión. Pero, de nuevo, existe un porcentaje de personas empáticas psíquicas que anhelan el contacto humano y en realidad están solos.

Tienen una vida pasada

Las personas empáticas psíquicas son almas viejas que han existido en otro lugar anteriormente. Por extraño que parezca, parecen tener un leve recuerdo de sus vidas pasadas. Pueden recordar su vida pasada, y aunque los recuerdos no son vívidos, tienen una comprensión básica de cómo era la vida en ese mundo.

Comunicación con los animales

Una persona empática psíquica parece tener la sorprendente habilidad de comunicarse con los animales. Tal vez establecerá contacto visual o tocará al animal, y luego la información comenzará a fluir. Los animales están completamente cómodos alrededor de estas personas. En casos extremos, una persona empática psíquica puede hacer que un animal se estimule.

Afectuosos y compasivos

Las personas empáticas psíquicas no se alejan de las personas porque creen que son superiores a ellos; se alejan porque la gente les abruma. Esto no significa que sean incapaces de expresar amor. Expresan calidez y compasión a las personas con las que tienen vínculos estrechos. La mejor parte es que esto es compasión genuina. No pueden fingir su amor.

Problemas de sueño

Las personas empáticas psíquicas padecen una serie de problemas relacionados con el sueño. Sus problemas de sueño probablemente comenzaron en la infancia. Los problemas pueden ir desde orinarse en la cama, pesadillas e incluso insomnio. Por supuesto, estos problemas relacionados con el sueño han tenido un efecto negativo en su calidad de vida.

Habilidad para conectar puntos

Las personas empáticas psíquicas son extremadamente creativas y pueden juntar partes separadas para formar un todo. Su capacidad para conectar puntos les permite encontrar soluciones a problemas existenciales. Si desarrollan su potencial creativo, pueden convertirse en innovadores o grandes artistas. La mayoría tienden a obsesionarse con la conexión de estos puntos, de modo que cuando una pieza está completa, rápidamente comienzan a conectar el siguiente conjunto de puntos.

Tienen problemas para dejar ir

Las personas empáticas psíquicas no abren sus corazones a todos los que tratan de captar su interés. Sin embargo, una vez que abren sus corazones, tienden a amar con una gran voluntad. Por esta razón, terminar una relación sería desastroso. Tienen problemas para dejar ir después de invertir gran parte de sus emociones en la relación.

Capítulo 27: La Diferencia entre las Personas Empáticas y las Personas Altamente Sensibles

Aunque las personas empáticas y las personas sensibles parecen ser muy similares, en realidad existen algunas diferencias entre ambas. Lo primero que debe entender es que ser una persona altamente sensible o empática no se excluye mutuamente. Puede ser las dos al mismo tiempo. Las siguientes son algunas diferencias entre personas altamente sensibles y empáticas:

Las personas altamente sensibles tardan más en relajarse y recuperar su energía que los empáticos

Tanto los empáticos como las personas altamente sensibles tienden a ser sobreestimuladas después de pasar el día relacionándose con otras personas. Mientras que los empáticos se recuperan de la sobreestimulación mucho más rápido, las personas altamente sensibles necesitan mucho más tiempo para recuperarse de la sobreestimulación. Por esta razón, una persona altamente sensible se aislará a sí misma mucho más tiempo que el empático. Las personas altamente sensibles, como su nombre indica, tienden a permanecer demasiado en sus experiencias sensoriales. Sus cerebros están conectados de forma peculiar para escuchar ciertas palabras clave.

Una persona altamente sensible generalmente tiene una serie de inseguridades que la hacen increíblemente tímida. No importa lo perfectos que les parezcan a la persona promedio, pero una vez que esta inseguridad se acerque a esa persona, entonces puede ser bastante difícil superar la inseguridad. Por ejemplo, si alguien creció sintiéndose feo, podría internalizar este sentimiento en la medida en que nadie lo ayude a verse a sí mismo desde una perspectiva diferente. Cuando esa persona sale y se da cuenta de que la gente le está mirando fijamente, automáticamente pensará que la gente está analizando su apariencia y encontrándola desagradable.

Esto activará la alarma en su cabeza sobre lo feos que son y lo que sigue es una racha de pensamientos obsesivos. Cuando una persona es extremadamente sensible, tiende a ser sensible a casi todo. Cuando se deshace de una preocupación, inmediatamente encontrará algo más sobre qué preocuparse. Por otro lado, las personas empáticas son sensibles, sí, pero son sensibles a las energías que flotan a su alrededor. Esto significa que dejan de sentirse mal una vez que la fuente de su angustia se aleja de ellos. Por esta razón, después de un día de relacionarse con otras personas, se encuentran en una mejor condición para restaurar su energía que las personas altamente sensibles.

Las personas altamente sensibles son introvertidas, mientras que los empáticos pueden ser introvertidos o extrovertidos

Tanto para las personas altamente sensibles como para los empáticos, el rasgo de personalidad más común que comparten es el de la introversión. Las personas altamente sensibles son exclusivamente introvertidas, mientras que los empáticos, aunque la mayoría son introvertidos, también podrían ser extrovertidos. Para comprender por qué una persona altamente sensible no tiene ninguna posibilidad de ser extrovertida, debe entender cómo funciona su mente. Una persona altamente sensible tiene creencias en su mente de que sigue buscando evidencia de apoyo. Debido a su naturaleza extremadamente sensible, continúa interpretando de manera incorrecta lo que la gente quería decir. Por ejemplo, si un profesor asiste a una sesión y continúa enfocando su mirada en cierta chica altamente sensible, la chica podría pensar que algo anda mal, pero sin que lo sepa, el profesor realmente la encuentra atractiva.

Entonces, la chica se obsesionará con todo lo que la gente piensa, este ciclo de pensamiento es absolutamente agotador. En última instancia, tendrá que retirarse a un lugar tranquilo para recuperar su compostura y energía. No es posible lograrlo sin tener que apartarse, la tendencia introvertida clásica. Por otro lado, un empático desempeña el papel de una esponja emocional. Tiende a captar las vibraciones de las personas que le rodean. Si está cerca de personas buenas, se siente bien, y si está alrededor de personas malas, también se sentirá mal. Esto también puede llevarle a buscar la soledad. Excepto que existen personas empáticas que entienden la condición con la que luchan.

Una persona empática extrovertida elegirá mantenerse alejada de las personas que se aprovechan de su energía y se asocia con los de buen carácter. En otras palabras, toma ventaja de su capacidad para absorber las energías de las personas al optar por absorber la energía positiva.

Las personas empáticas pueden sentir la energía más sutil

La capacidad de las personas altamente sensibles para captar energías sutiles no es tan afinada como la de los empáticos. Una persona empática puede detectar incluso la más mínima emoción, ya que está conectada con personas en un nivel muy primordial. Parece poder acceder a la mente de una persona y obtener acceso total a sus emociones. Por otro lado, aunque una persona altamente sensible absorba la energía de otras personas, simplemente captará su vibra en general y se perderá la sutileza. Una persona empática es mucho más probable que pase por una montaña rusa de emociones, pero una persona altamente sensible se queda atrapada en un ciclo de pensamientos negativos una vez que se activa.

Las personas empáticas internalizan los sentimientos de otras personas

Cuando una persona empática percibe las emociones de otras personas, no se detiene allí. Ellos mejoran las emociones de otras personas para convertirlas en propias. Por lo tanto, si alguien está inmerso en un mundo de dolor, la persona empática se ve obligada a sentir el dolor también. En ese sentido, las personas empáticas están a merced de las personas con las que interactúan.

Las personas altamente sensibles no pueden internalizar los sentimientos de otras personas. Tienen demasiadas inseguridades - reales e imaginarias. Lo que sucede es que alguien dirá algo o hará algo y la persona altamente sensible se activará. Las personas altamente sensibles tienen habilidades de observación muy agudas y examinan los hechos de las personas en contra de su base de datos de inseguridades. Una vez que comienza la racha de pensamientos negativos, no hay vuelta atrás.

Las personas empáticas tienen problemas para distinguir la incomodidad de otra persona como suya

Como persona empática, podría estar sentado en una sala de conferencias, tratando de prestar atención, y luego ¡bam! empieza a experimentar pensamientos angustiantes. A pesar de haber internalizado esos pensamientos, no logra distinguir el origen. Entonces, decide sufrir tranquilamente. Por otro lado, la persona altamente sensible puede diferenciar su angustia emocional de la de los demás.

Capítulo 28: Cómo Aumentar sus Habilidades Psíquicas

A pesar de poseer potencial psíquico, aún debe capacitarse para que sus habilidades puedan afinarse con precisión. Los siguientes son algunos consejos para ayudarle a mejorar sus habilidades psíquicas:

Meditar diariamente

La meditación le permite elevar su vibración. La energía del espíritu vibra a alta frecuencia. A través de la meditación, puede aumentar sus poderes mentales y espirituales y ser capaz de realizar actos psíquicos mayores. La meditación no es una actividad intensiva en recursos. Puede meditar casi en cualquier lugar. Solo necesita un ambiente sereno y algo de tiempo libre.

Comunicarse con su guía espiritual

Su guía espiritual es básicamente una entidad que le protege. Le ilumina y le hace perspicaz. Cuando solicite su apoyo, aumentará sus posibilidades de lograr lo que desea. Conserve un lugar sagrado para reunirse con su guía espiritual.

Usar psicometría

La psicometría es la práctica de descifrar las energías de un objeto. Si puede llegar a ser experto en esta disciplina, recibirá un gran impulso a sus habilidades psíquicas. Adquiera un objeto que tenga un valor sentimental, por ejemplo, un anillo de matrimonio, y trate de imaginar las energías del propietario.

Visualización de flores

Para construir habilidades psíquicas sólidas, es indispensable mejorar el ojo de su mente. Puede lograr esto a través de la visualización de flores. El ejercicio implica recoger algunas flores y sostenerlas frente a usted. Ahora cierre los ojos y comience a imaginar cada una de ellas por separado.

Visualización aleatoria

Al terminar de usar la visualización de flores para fortalecer el ojo de su mente, ahora puede explorar algo de aleatoriedad. Simplemente cierre los ojos y recuéstese sobre su espalda en un ambiente sereno e invite a sus guías espirituales a mostrarle las maravillas del universo. Sus guías espirituales deberían mostrarle imágenes y videos magníficos.

Dar un paseo por la naturaleza

Los psíquicos sienten una gran conexión con la naturaleza. Podría pasear por un parque natural mientras practica meditación consciente. Realice paradas ocasionales para disfrutar el aroma de las flores y disfrute su belleza. Déjese llevar con la majestuosidad de la naturaleza.

Eliminar la negatividad

No es posible tomar ventaja de sus poderes psíquicos si conserva en su interior demasiada negatividad. Elimine la negatividad al aumentar su autoconciencia y perdonarse a sí mismo. También es necesario tomar las medidas necesarias para corregir los errores que ha cometido. Una vez que esté libre de negatividad, encontrará el espacio adecuado para utilizar sus poderes psíquicos.

Creer en sí mismo

No puede convertirse en un clarividente experto a menos que tenga una fe excepcional en sí mismo. Una de las formas de aumentar su confianza en sí mismo es a través de la lectura de aquellos que tuvieron éxito antes de usted. Encuentre libros escritos por clarividentes exitosos y lea sobre ellos para que pueda familiarizarse con sus historias. Aprenda sus trucos. Cuanto más estudie sobre los clarividentes exitosos, mayores serán sus probabilidades de ser exitoso.

Descansar

Tener un descanso de calidad es absolutamente necesario. Cuanto más descanse, más energía tendrá para canalizar sus actividades psíquicas. Una de las mejores maneras de garantizar un descanso de calidad es dormir lo suficiente. Es indispensable dormir por lo menos seis horas cada noche. Esto asegurará que su mente esté renovada y que se encuentre en las mejores condiciones físicas. Tener suficiente descanso es crucial para el desarrollo de sus habilidades de clarividencia.

Intentar leer los pensamientos de otras personas

Esta es una manera perfecta de fortalecer sus habilidades clarividentes. Cuando se encuentre con alguien, solo mírelo a los ojos e intente imaginar en qué está pensando. Si puede leer con precisión las mentes de otras personas, puede estar seguro de que sus habilidades psíquicas están muy bien desarrolladas.

Llevar un registro de sus sueños

Las personas con capacidades psíquicas suelen soñar mucho. Después de cada sueño, asegúrese de anotarlo en un diario. Esto le ayudará a llevar un seguimiento de los sueños que se hicieron realidad. Al darse cuenta de que sus sueños empiezan a hacerse realidad, eso indica que sus habilidades clarividentes se están afinando.

Mejorar su capacidad de visión remota

La visión remota es la capacidad de ver un lugar o un evento a través del ojo de su mente sin estar físicamente presente. Para mejorar su capacidad de visualización remota, debe hacer un buen uso de su imaginación. Comience con la visualización de lugares cercanos a usted, y cuando los visualice correctamente, puede moverse a lugares y objetos remotos.

Superar sus miedos

Si tiene algún temor en su mente, no logrará su potencial pleno como clarividente. Es necesario eliminar el miedo para poder canalizar todas sus energías mentales en sus actividades psíquicas. El primer paso para eliminar el miedo es aumentar su conocimiento. Cuanto más sepa sobre una situación, menos inculto será y más poder y coraje adquirirá.

Resolver sus diferencias con quienes le rodean

Si tiene problemas con otras personas, asegúrese de resolverlos. No es posible alcanzar su potencial clarividente por completo cuando no está en paz consigo mismo o con otras personas. Deseche la carga de la amargura y resuelva sus diferencias con quienes le rodean. De esta manera, su mente estará en condición de canalizar sus energías en actividades psíquicas.

Practicar visualización de auras

Este es otro gran ejercicio para mejorar sus habilidades psíquicas. Pida a un amigo que se pare junto a una pared de color liso. Luego, mírele usando su tercer ojo. Observe si puede ver su campo áurico. Si tiene una alta vibración, su aura parecerá brillante.

Pedirle a un amigo que le llame

Póngase en contacto telepáticamente con un amigo y pídale que le llame. Cuanta más energía mental invierta en esta actividad, más probable será que su amigo le llame.

Si una persona empática desarrollara su potencial psíquico, podría llegar a ser tan hábil que un trabajo en esa línea sería realmente exitoso.

Conclusión

Un empático es una persona con el don especial de absorber las energías de las personas que las rodean y creer que son propias. Existen diversas categorías de empáticos:

- **Empáticos emocionales**: Perciben las emociones de otras personas y creen que son propias. Si permanecen cerca de personas tristes, terminan poniéndose tristes, y si permanecen cerca de personas felices, terminan sintiéndose felices.
- **Empáticos médicos**: Pueden detectar el estado físico de los cuerpos de otras personas. Pueden saber qué es lo que enferma a una persona en particular en un instante.
- **Empáticos geománticos**: Están en sintonía con ciertos entornos o paisajes.
- **Empáticos de plantas**: Comparten una conexión con la vida vegetal. Pueden comunicarse intuitivamente con diversas plantas.
- **Empáticos de animales**: Comparten una fuerte conexión con los animales. Los animales confían en ellos, y pueden percibir sus sentimientos.
- **Empáticos intuitivos**: Pueden obtener información de las personas prestando atención a su intuición.

- **Empáticos psicométricos**: Pueden absorber la energía de diversos objetos.
- **Empáticos precognitivos**: Son conscientes de eventos futuros mucho antes de que tengan lugar.

www.ingramcontent.com/pod-product-compliance
Lightning Source LLC
Chambersburg PA
CBHW030120100526
44591CB00009B/466